Milan Kundera

Die Kunst des Romans

Essay

Aus dem Französischen
von Brigitte Weidmann

Carl Hanser Verlag

ISBN 3-446-14858-2
Alle Rechte vorbehalten
© Milan Kundera, Paris 1986
Titel der Originalausgabe:
L'art du roman (Editions Gallimard, Paris 1986)
© der deutschen Ausgabe
Carl Hanser Verlag München Wien 1987
Umschlag: Klaus Detjen
Umschlagbild:
Pablo Picasso, Gitarre; Nasjonalgalleriet, Oslo
© SPADEM Paris, BILD-KUNST Bonn 1987
Satz: LibroSatz, Kriftel/Taunus
Druck und Bindung: Pustet, Regensburg
Printed in Germany

Obwohl die meisten der vorliegenden Texte ihr Entstehen jeweils verschiedenen konkreten Anlässen verdanken, habe ich sie alle mit der Absicht konzipiert, sie später einmal als Bilanz meiner Überlegungen zur Kunst des Romans in einem Buch zu einem einzigen Essay zusammenzustellen.

(Muß ich betonen, daß ich nicht den geringsten theoretischen Ehrgeiz habe, daß dieses ganze Buch nichts weiter als das Bekenntnis eines Praktikers *ist? Das Werk eines Romanciers enthält implizit immer eine Vorstellung der Geschichte des Romans, eine Vorstellung davon, was der Roman sei; dieser Vorstellung vom Roman, die meinen Romanen zugrunde liegt, habe ich Ausdruck verleihen wollen.)*

In Das verkannte Erbe des Cervantes[1] *lege ich zu Beginn dieses »Essays in sieben Teilen« meine persönliche Auffassung des europäischen Romans dar.*

Vor ein paar Jahren hat mich Christian Salmon für die New Yorker Zeitschrift Paris-review *über mich und meine schriftstellerischen Gewohnheiten interviewt. Das Gespräch ist bald zum Dialog über meine praktischen Erfahrungen mit der Kunst des Romans geworden. Ich habe es in zwei voneinander unabhängige Texte unterteilt, deren erster,* Gespräch über die Kunst des Romans, *den zweiten Teil dieses Buches bildet.*

Anläßlich der Neuausgabe der Schlafwandler *bei Gallimard habe ich in der Absicht, zur Wiederentdeckung Brochs durch das französische Publikum beizutragen, für* Le Nouvel Observateur *den Artikel* Le testament des »Somnambules«[2] *geschrieben. Da dann Guy Scarpettas ausgezeichnete* Introduction à Hermann Broch *erschienen ist, habe ich darauf verzichtet, ihn hier noch einmal abzudrucken. Weil ich aber die* Schlafwandler, *die in meiner persönlichen Geschichte des Romans eine überaus wichtige Stellung einnehmen, nicht übergehen konnte, habe ich als dritten Teil*

Notizen anläßlich der »Schlafwandler« *geschrieben, eine Folge von Reflexionen, die dieses Werk nicht so sehr analysieren, sondern all das ausdrücken wollen, was ich ihm verdanke, was wir ihm verdanken.*

Im zweiten Dialog mit Christian Salmon, im Gespräch über die Kunst der Komposition, *werden anhand meiner eigenen Romane künstlerische,* »handwerkliche« *Probleme des Romans, insbesondere Probleme der Architektur, diskutiert.*

Irgendwo, dahinter[3] *ist eine Zusammenfassung meiner Überlegungen zu Kafkas Romanen.*

Einundsechzig Wörter[4] *ist das Lexikon der Schlüsselworte in meinen Romanen und der Schlüsselworte meiner Ästhetik des Romans.*

Im Frühjahr 1985 habe ich den Preis von Jerusalem *erhalten. Der Dominikanerpater Marcel Dubois, Professor an der Universität Jerusalem, trug die Laudatio mit starkem französischen Akzent auf englisch und ich meine Dankesrede[5] mit starkem tschechischen Akzent auf französisch vor, wobei mir bereits klar war, daß sie den letzten Teil dieses Buches bilden würde, den Schlußpunkt meiner Überlegungen zum Roman und zu Europa. Eine europäischere, herzlichere, liebenswürdigere Atmosphäre hätte ich mir gar nicht vorstellen können.*

---

1 Vortrag in den USA (1983) Dt. in *Die Zeit.*
2 In: Broch-Materialien, hrsg. von Paul M. Lützeler, Frankfurt/Main 1986.
3 Vortrag in Mexiko im Jahre 1979.
4 Ein Entwurf zu diesem Text, *Quatre-vingt-neuf mots,* wurde in *Le Débat* veröffentlicht (1985).
5 In Deutschland in *Litfaß* und in der *Frankfurter Rundschau* erschienen.

Inhalt

Erster Teil

Das verkannte Erbe des Cervantes

Im Jahre 1935, drei Jahre vor seinem Tod, hielt Edmund Husserl in Wien und Prag seine berühmten Vorträge über die Krisis des europäischen Menschentums. Mit dem Adjektiv »europäisch« bezeichnete er die geistige Identität, die sich über das geographische Europa hinaus (zum Beispiel in Amerika) verbreitet und mit der Philosophie der alten Griechen ihren Anfang nahm. Diese Philosophie faßt ihm zufolge die Welt (in ihrer Gesamtheit) zum ersten Mal in der Geschichte als zu lösende Frage auf. Sie fragt nicht, um ein bestimmtes praktisches Bedürfnis zu befriedigen, sondern weil »den Menschen die Leidenschaft eines Erkenntnisstrebens« ergriffen hatte.

Husserl hielt diese Krisis für so profund, daß er sich fragte, ob Europa in der Lage sei, sie zu überstehen. Sie begann seiner Meinung nach mit der Neuzeit, mit Galilei und Descartes, und zwar infolge der Einseitigkeit der europäischen Naturwissenschaften, welche die Welt auf ein bloßes Objekt technisch-mathematischer Forschung reduziert und die konkrete Welt des Lebens, *die Lebenswelt*, wie er sich ausdrückt, aus ihrem Gesichtskreis verbannt hatten.

Der Aufschwung der Naturwissenschaften trieb den Menschen in die Tunnels spezialisierter Disziplinen. Je mehr Wissen er sich aneignete, desto mehr verlor er die Ganzheit der Welt und auch sich selbst aus den Augen und versank auf diese Weise in dem, was Heidegger, Husserls Schüler, mit einer schönen, fast magischen Formel »Seinsvergessenheit« genannt hat.

Der von Descartes einst zum »Herrn und Besitzer der

Natur« erhobene Mensch wird zum Objekt von Kräften (der Technik, der Politik und der Geschichte), die ihn überholen, übertreffen, von ihm Besitz ergreifen. Für diese Kräfte hat sein konkretes Sein, seine »Lebenswelt« keinen Wert und keine Bedeutung mehr; sie wird von vornherein ausgeklammert und vergessen.

2

Es wäre indessen wohl naiv, die Strenge, mit der hier die Neuzeit betrachtet wird, lediglich als Verurteilung zu werten. Vielmehr meine ich, daß die beiden großen Philosophen die Ambiguität dieser Epoche aufgedeckt haben, die gleichzeitig Verfall und Fortschritt ist und wie alles Menschliche den Keim ihres Endes schon bei der Geburt in sich trägt. Diese Ambiguität setzt die vier letzten vergangenen Jahrhunderte Europas in meinen Augen nicht herab; ich fühle mich ihnen um so mehr verbunden, als ich nicht Philosoph, sondern Romancier bin. So ist denn auch für mich nicht nur Descartes, sondern auch Cervantes Begründer der Neuzeit.

Ihm haben die beiden Phänomenologen bei ihrem Urteil über die Neuzeit vielleicht zu wenig Beachtung geschenkt. Ich will damit sagen: Falls es zutrifft, daß die Philosophen und die Naturwissenschaften das Sein des Menschen vergessen haben, so zeichnet sich um so deutlicher ab, daß mit Cervantes eine große europäische Kunst ihre Ausformung erfährt, eine Kunst, die gerade dieses vergessene Sein erkundet.

In der Tat sind alle großen existentiellen Themen, die Heidegger in *Sein und Zeit* analysiert, wobei er die Ansicht vertritt, sie seien von der gesamten früheren europäischen Philosophie vernachlässigt worden, in einer über vier Jahrhunderte gehenden Entwicklung des Romans (einer vier Jahrhunderte dauernden europäischen Reinkarnation des Romans) aufgezeigt, vorgeführt und beleuchtet worden. Der Roman hat nach und nach, auf seine eigene Weise und seiner eigenen Logik gemäß, die verschiedenen Aspekte der Existenz entdeckt: Mit Cervantes' Zeitgenossen wirft er die Frage des Abenteuers auf, mit Samuel Richardson beginnt er zu untersuchen, »was sich im Innern abspielt« und weist auf die Geheimnissse des Gefühlslebens hin; mit Balzac entdeckt er die Verwurzelung des Menschen in der Geschichte; mit Flaubert erforscht er ein bis anhin unbekanntes Gebiet, die *terra incognita* des Alltäglichen, mit Tolstoi befaßt er sich mit dem Irrationalen menschlicher Entscheidungen und Verhaltensweisen. Dann lotet er die Zeit aus: mit Marcel Proust den ungreifbaren verflossenen, mit James Joyce den ungreifbaren gegenwärtigen Augenblick. Mit Thomas Mann untersucht er die Rolle uralter Mythen, die unsere Schritte fernsteuern. Et cetera, et cetera.

Seit Beginn der Neuzeit ist der Roman dem Menschen ein ständiger, treuer Begleiter. Die »Leidenschaft des Erkenntnisstrebens« (die Husserl zufolge das eigentliche Wesen der europäischen Geistigkeit ausmacht) hat sich des Romans bemächtigt, damit er das konkrete Leben des Menschen erforscht und vor der »Seinsvergessenheit« schützt; damit die »Lebenswelt« immer wieder ins Licht rückt. In diesem Sinne verstehe und teile ich die Hartnäckigkeit, mit der Hermann Broch wiederholte: Die einzige Existenzberechtigung eines Romans besteht darin, daß er einen unbekannten Aspekt des Lebens entdeckt. Und nicht nur das allein, sondern einen Aspekt, den überhaupt *nur* der Roman entdecken kann. Ein Roman, der nicht einen bislang unbekannten Bereich der Existenz entdeckt, ist unmoralisch. Erkenntnis ist die einzige Moral des Romans.

Ich möchte noch folgendes hinzufügen: Der Roman ist das Werk Europas; seine Entdeckungen, auch wenn sie in verschiedenen Sprachen erfolgt sind, gehören ganz Europa an. Die Geschichte des europäischen Romans besteht in der *Abfolge der Entdeckungen* (nicht in einer Addition dessen, was geschrieben wurde). Nur in diesem übernationalen Zusammenhang kann der Wert eines Werkes (das heißt, die Tragweite seiner Entdeckung) richtig gesehen und verstanden werden.

3

Als Gott allmählich den Platz räumte, von dem aus er das Universum und seine Wertordnung gelenkt, das Gute vom Bösen gesondert und jedem Ding seinen Sinn verliehen hatte, trat Don Quijote aus seinem Haus und konnte die Welt nicht mehr wiedererkennen. Denn in Abwesenheit des Höchsten Richters erschien diese plötzlich in einer furchtbaren Ambiguität; die einzige, göttliche Wahrheit zerfiel in Hunderte von relativen Wahrheiten, an denen die Menschen teilhatten. So entstand die Welt der Neuzeit und mit ihr der Roman, ihr Abbild und Muster.

Wenn Descartes das *denkende Ego* als Grundlage von allem und jedem begriffen hat, somit dem Universum allein gegenüberstand, so ist das eine Haltung, die von Hegel zu Recht als heroisch bezeichnet wurde.

Wenn Cervantes die Welt als Ambiguität begriffen hat und statt einer einzigen absoluten Wahrheit einer Vielzahl relativer, widersprüchlicher Wahrheiten gegenüberstand (Wahrheiten, die von *imaginären Egos* verkörpert und Figuren genannt werden), wenn er somit als einzige Gewißheit die *Weisheit der Ungewißheit* besaß, erfordert das genausoviel Kraft.

Was will Cervantes' großer Roman besagen? Es gibt mehr als genug Literatur zu diesem Thema. Manche möchten in ihm eine rationalistische Kritik an Don Quijotes verschwommenem Idealismus sehen. Andere verstehen ihn gerade als Exaltation eines solchen Idealismus. Diese Deutungen sind beide falsch, weil sie davon ausgehen, Grundlage des Romans sei nicht eine Fragestellung, sondern ein vorgefaßtes moralisches Urteil.

Der Mensch wünscht sich eine Welt, in der Gut und Böse klar geschieden sind, ist er doch von dem angeborenen, unbezähmbaren Verlangen beseelt, zu urteilen, bevor er begreift. Auf diesem Verlangen beruhen Religionen und Ideologien. Sie können sich mit dem Roman nur abfinden, wenn sie seine von Relativität und Ambiguität geprägte Sprache in ihr apodiktisches, dogmatisches Idiom übersetzen. Sie fordern, daß jemand recht hat; entweder ist Anna Karenina Opfer eines bornierten Despoten, oder Karenin ist Opfer einer unmoralischen Frau; entweder wird der unschuldige K. von einem ungerechten Gericht überfahren, oder hinter dem Gericht verbirgt sich die göttliche Gerechtigkeit, dann ist er schuldig.

Dieses »Entweder-Oder« zeugt von der Unfähigkeit, der essentiellen Relativität der menschlichen Dinge ins Auge zu sehen, zeugt von der Unfähigkeit, die Abwesenheit des Höchsten Richters hinzunehmen. Auf Grund dieser Unfähigkeit ist es schwierig, die Weisheit des Romans (die Weisheit der Ungewißheit) zu akzeptieren und zu begreifen.

Don Quijote brach auf in eine Welt, die sich weit vor ihm auftat. Er konnte in sie eintreten und wieder nach Hause zurückkehren, wann er wollte. Die ersten europäischen Romane sind Reisen durch eine unbegrenzt erscheinende Welt. Am Anfang von *Jacques le Fataliste* überraschen wir die beiden Helden unterwegs; man weiß nicht, woher sie kommen und wohin sie gehen. Sie leben in einer Zeit ohne Anfang und Ende, in einem Raum ohne Grenzen inmitten eines Europa, dessen Zukunft nie enden kann.

Bei Balzac, ein halbes Jahrhundert nach Diderot, ist der weite Horizont wie eine Landschaft hinter den modernen Gebäuden sozialer Institutionen – der Polizei, der Justiz, der Finanz- und Verbrecherwelt, der Armee, dem Staat – verschwunden. Balzacs Zeit kennt Cervantes' und Diderots glückliche Muße nicht mehr. Sie ist in den Zug eingestiegen, den man Geschichte nennt. Einsteigen ist einfach, wieder auszusteigen schon schwieriger. Aber dieser Zug hat trotzdem noch nichts Erschreckendes, er hat sogar einen gewissen Reiz, verspricht er doch allen seinen Passagieren Abenteuer und damit auch den Marschallstab.

Noch später, bei Emma Bovary, verengt sich der Horizont in einem Maße, daß er wie eine Umzäunung wirkt. Die Abenteuer spielen sich auf der andern Seite ab, und die Nostalgie wird unerträglich. In der Langeweile der Alltäglichkeit gewinnen Träume und Träumereien an Bedeutung. Die verlorene Unendlichkeit der Außenwelt wird durch die Unendlichkeit der Seele ersetzt. Die große Illusion der unersetzbaren Einmaligkeit des Individuums, eine der schönsten europäischen Illusionen, entfaltet sich.

Doch der Traum von der Unendlichkeit der Seele verliert seine Magie in dem Augenblick, in dem die Geschichte oder das, was von ihr übriggeblieben ist, die übermenschliche Kraft einer allmächtigen Gesellschaft, sich des Menschen bemächtigt. Sie verspricht ihm keinen Marschallstab mehr, sie verspricht ihm allerhöchstens den Posten eines Landvermessers. Was kann K. angesichts des Gerichtes, angesichts des Schlosses tun? Nicht mehr viel. Kann er zumindest träumen wie seinerzeit Emma Bovary? Nein, die Falle der Situation ist zu schrecklich und saugt alle seine Gedanken und Gefühle wie ein Staubsauger auf: Er kann nur noch an seinen Prozeß, an seinen Posten als Landvermesser denken. Die Unendlichkeit der Seele, falls es sie überhaupt gibt, ist ein gewissermaßen überflüssiges Anhängsel des Menschen geworden.

5

Der Weg des Romans ist eine Art parallel zur Neuzeit verlaufende Geschichte. Wenn ich mich umdrehe, um ihn zu überblicken, erscheint er mir seltsam kurz und abgeschlossen. Ist es nicht überhaupt Don Quijote selbst, der nach einer drei Jahrhunderte währenden Reise als Landvermesser verkleidet in sein Dorf zurückkehrt? Er war einst aufgebrochen, um sich dem Abenteuer zuzuwenden, aber nun hat er in diesem Dorf unterhalb des Schlosses keine Wahl mehr, das Abenteuer – ein unbedeutender Streitfall mit der Verwaltung wegen eines Fehlers in seinem Dossier – wird ihm *aufoktroyiert*. Was ist also dreihundert Jahre später aus dem Abenteuer, diesem ersten großen Thema des Romans, geworden? Seine eigene Parodie? Und was hat das zu bedeuten? Daß der Weg des Romans in einem Paradoxon endet?

Ja, diesen Eindruck kann man haben. Und es gibt nicht nur *ein* Paradoxon; es wimmelt davon. Vielleicht sind *Die Abenteuer des braven Soldaten Schwejk* der letzte große Volksroman. Ist es nicht seltsam, daß dieser komische Roman gleichzeitig ein Kriegsroman ist und daß die Armee und die Front Ort der Handlung sind? Was ist mit dem Krieg und seinem Schrecken geschehen, wenn sie Gegenstand des Gelächters werden?

Bei Homer und Tolstoi hatte der Krieg einen durchaus einleuchtenden Sinn: Man schlug sich um die schöne Helena oder für Rußland. Schwejk und seine Kameraden fahren an die Front, ohne zu wissen, weshalb und, was noch schockierender ist, ohne sich darum zu scheren.

Was kann dann aber Triebkraft sein für einen Krieg, wenn nicht Helena oder das Vaterland? Einfach eine Kraft, die sich als solche bestätigen will? Dieser »Wille zum Willen«, von dem Heidegger später sprechen wird? Indessen: stand diese Kraft nicht von jeher hinter allen Kriegen? Doch, selbstverständlich. Aber jetzt, bei Hašek, ist sie alle vernünftige Argumentation los. Niemand glaubt an das Geplapper der Propaganda, selbst die nicht, die sie machen. Die Kraft ist nackt, so nackt wie in Kafkas Romanen. In der Tat profitiert ja das Gericht nicht von K.'s Hinrichtung, und das Schloß hat nichts davon, wenn es den Landvermesser schikaniert. Weshalb wollen das Deutschland von gestern, das Rußland von heute die Welt beherrschen? Um reicher zu werden? Glücklicher? Nein. Die Aggressivität der Kraft ist ganz uneigennützig; unmotiviert; sie will nur ihr Wollen; sie ist das pure Irrationale.

Kafka und Hašek konfrontieren uns also mit folgendem riesenhaften Paradoxon: In der Neuzeit zersetzte die cartesianische Vernunft nach und nach alle vom Mittelalter ererbten Werte. Doch im Augenblick des totalen Sieges der Vernunft bemächtigt sich gerade das ganz und gar Irrationale (die Kraft, die nur ihr Wollen will) des Weltgeschehens, weil es kein allgemein anerkanntes Wertsystem mehr gibt, das ihm entgegenarbeiten könnte.

Dieses in Hermann Brochs *Schlafwandlern* meisterhaft dargestellte Paradoxon gehört zu denen, die ich als *endzeitlich* bezeichnen möchte. Es gibt noch andere. Zum Beispiel nährte die Neuzeit den Traum einer Menschheit, die nach ihrer Spaltung in verschiedene, voneinander getrennte Zivilisationen eines Tages zur Einheit und damit zum ewigen Frieden fände. Heute bildet die Geschichte unseres Planeten endlich ein unteilbares Ganzes, aber es ist der Krieg, ein schleichender, fortwährender Krieg, der dieses seit langem erträumte Einssein der Menschheit verwirklicht und gewährleistet. Das Einssein der Menschheit bedeutet: Niemand kann irgendwohin entkommen.

6

Husserls Vorträge über die Krisis Europas und die Möglichkeit eines Unterganges der europäischen Menschheit waren sein philosophisches Testament. Er hielt sie in zwei mitteleuropäischen Hauptstädten. Diese Koinzidenz ist zutiefst bedeutsam: In der Tat konnte in diesem selben Mitteleuropa das Abendland zum ersten Mal in seiner modernen Geschichte den Tod des Abendlandes miterleben oder, genauer gesagt, die Amputation eines Teils seiner selbst, als nämlich Warschau, Budapest und Prag vom russischen Reich verschlungen wurden. Dieses Unglück war Folge des Ersten Weltkrieges, der durch die Monarchie der Habsburger ausgelöst wurde, zu deren Ende führte und das geschwächte Europa für immer aus dem Gleichgewicht brachte.

Die letzten friedlichen Zeiten, in denen der Mensch nur mit den Ungeheuern seiner Seele fertigwerden mußte, die Zeiten von Joyce und Proust, waren vorbei. In Kafkas, Hašeks, Musils und Brochs Romanen kommt das Ungeheuer von außen und heißt Geschichte: sie hat keine Ähnlichkeit mehr mit dem Zug der Abenteurer, denn sie ist unpersönlich, nicht zu lenken, unberechenbar, unverständlich – und keiner entkommt ihr. Zu diesem Zeitpunkt (kurz vor dem Krieg, 1914) wurde die Plejade großer mitteleuropäischer Romanciers auf die *endzeitlichen Paradoxa* der Neuzeit aufmerksam, erfaßte sie und stellte sie dar.

Doch man darf ihre Romane nicht als soziale und politische Prophezeiung, wie einen vorweggenommenen Orwell lesen! Was Orwell uns zu sagen hat, hätte genauso gut (oder sogar besser) in einem Essay oder einem Pamphlet ausgedrückt werden können. Dagegen entdecken diese Romanciers, was »*nur* ein Roman entdecken kann«: Sie zeigen, wie unter den Bedingungen der »endzeitlichen Paradoxa« alle existentiellen Kategorien plötzlich einen anderen Sinn annehmen: Was ist das *Abenteuer*, wenn K.'s Handlungsfreiheit völlig illusorisch ist? Was ist die *Zukunft*, wenn die Intellektuellen in *Der Mann ohne Eigenschaften* nicht die geringste Vorahnung haben, daß schon am nächsten Tag ein Krieg sie hinwegfegen wird? Was ist das *Verbrechen*, wenn Brochs Huguenau den Mord, den er begangen hat, nicht nur nicht bereut, sondern einfach vergißt? Und wenn der einzige große komische Roman dieser Zeit, der von Hašek, den Krieg zum Schauplatz hat, was ist dann mit der *Komik* los? Wo liegt der Unterschied zwischen *Privatem* und *Öffentlichem*, wenn K. nicht einmal in seinem Liebesbett liegen kann ohne die Gehilfen vom Schloß? Was bedeutet in diesem Fall *Alleinsein*? Ist es eine Last, Angst, ein Fluch, wie man uns hat weismachen wollen? Oder im Gegenteil der kostbarste Wert zu einem Zeitpunkt, wo man vom allgegenwärtig Kollektiven überflutet wird?

Die Perioden der Geschichte des Romans dauern recht

lange (sie haben nichts zu tun mit den hektischen Wechseln der Moden) und lassen sich durch diesen oder jenen Aspekt des Seins, den der Roman besonders herausstellen will, charakterisieren. So wurden die Möglichkeiten der Flaubertschen Entdeckung der Alltäglichkeit erst siebzig Jahre später in James Joyces gigantischem Werk voll ausgeschöpft. Die vor fünfzig Jahren von der Plejade mitteleuropäischer Romanciers eingeleitete Periode (die Periode der *endzeitlichen Paradoxa*) scheint mir noch lange nicht abgeschlossen.

7

Man spricht oft und schon lange davon, der Roman sei am Ende, insbesondere die Futuristen, Surrealisten, ja fast alle Avantgardisten haben das behauptet. Ihrer Ansicht nach sollte der Roman im Zuge des Fortschrittes zugunsten einer radikal anderen Zukunft, zugunsten einer Kunst verschwinden, die nichts gemein hätte mit allem Vorangegangenen. Der Roman würde demnach wie das Elend, die herrschenden Klassen, die Oldtimer und die Zylinder im Namen der historischen Gerechtigkeit beerdigt.

Wenn aber Cervantes zu den Begründern der Neuzeit gehört, müßte der Untergang seines Erbes mehr als nur einen Wechsel in der Geschichte der litarischen Formen bezeichnen; er würde das Ende der Neuzeit ankündigen. Aus diesem Grunde erscheint mir das genüßliche Lächeln, mit dem man Nachrufe auf den Roman formuliert, frivol. Frivol, weil ich den Tod des Romans mitangesehen, weil ich seinen (mittels Verbot, Zensur, ideologischer Pression) gewaltsam herbeigeführten Tod in einer Welt, in der ich einen großen Teil meines Lebens verbracht habe und die für gewöhnlich totalitär genannt wird, schon miterlebt habe. Da wurde mehr als deutlich, daß der Roman vergänglich war; so vergänglich wie das Abendland der Neuzeit. Der Roman als Modell dieser auf der Relativität und Ambiguität der menschlichen Dinge beruhenden Welt ist mit dem totalitären Universum unvereinbar. Diese Unvereinbarkeit ist noch tiefer begründet als diejenige, die einen Dissidenten von einem Apparatschik, einen Kämpfer für die Menschenrechte von einem Folterer trennt, denn sie ist nicht nur politisch oder moralisch, sondern *ontologisch*. Das besagt: Die auf eine einzige Wahrheit gebaute Welt und die Welt der Ambiguität und Relativität des Romans sind von ihrer Substanz her grundverschieden. Die totalitäre Wahrheit schließt Relativität, Zweifel, ein In-Frage-Stellen aus und ist deshalb nie in Übereinstimmung zu bringen mit dem, was ich den *Geist des Romans* nennen möchte.

Aber veröffentlicht man denn im kommunistischen Rußland nicht in hohen Auflagen und mit großem Erfolg Hunderte, Tausende von Romanen? Doch, aber diese Romane setzen die Eroberung des Seins nicht mehr fort. Sie entdecken keine neue Parzelle der Existenz; sie bestätigen lediglich bereits Gesagtes; mehr noch: Ihre Existenzberechtigung, ihr Ruhm, ihre Nützlichkeit für die Gesellschaft, die die ihre ist, besteht gerade in der Absegnung dessen, was man sagt (sagen soll). Da sie nichts entdecken, haben sie nicht mehr teil an der *Abfolge der Entdeckungen*, die ich die Geschichte des Romans nenne; sie befinden sich *außerhalb* dieser Geschichte, man könnte auch sagen: Das sind *Romane nach der Geschichte des Romans*.

Es ist jetzt etwa ein halbes Jahrhundert her, daß die Geschichte des Romans im Einflußbereich des russischen Kommunismus stillsteht. Das ist ein enormes Ereignis angesichts der Größe des russischen Romans von Gogol bis Belyj. Der Tod des Romans ist also gar keine wirklichkeitsfremde Idee. Er hat bereits stattgefunden. Und wir wissen jetzt, *wie* der Roman stirbt: Er verschwindet nicht; er fällt aus seiner Geschichte heraus. Sein Tod vollzieht sich ruhig, unbemerkt, und erregt bei niemandem Anstoß.

8

Hat aber der Roman seiner eigenen inneren Logik gemäß seinen Weg nicht abgeschritten? Hat er nicht alle seine Möglichkeiten, alle seine Erkenntnisse und Formen bereits ausgewertet? Man hat seine Geschichte mit schon lange erschöpften Kohlengruben verglichen. Doch ähnelt sie nicht eher dem Friedhof verpaßter Gelegenheiten, nicht vernommener Rufe? Für vier Rufe bin ich besonders hellhörig.

Der Ruf des Spiels. – Laurence Sternes *Tristram Shandy* und Denis Diderots *Jacques le Fataliste* erscheinen mir heute als die beiden größten Romanwerke des 18. Jahrhunderts, zwei als grandioses Spiel konzipierte Romane, zwei vorher und nachher unerreichte Gipfel der Leichtigkeit. Der spätere Roman ließ sich vom Imperativ der Wahrscheinlichkeit, vom realistischen Dekor, von der chronologischen Ordnung fesseln. Er kam von den in diesen beiden Meisterwerken beschlossenen Möglichkeiten, die eine andere als die uns bekannte Entwicklung des Romans hätten einleiten können, ab (ja, man kann sich auch eine andere Geschichte des europäischen Romans vorstellen . . .).

Der Ruf des Traums. – Die im 19. Jahrhundert eingeschlafene Imagination wurde plötzlich von Franz Kafka erweckt; ihm gelang, was nach ihm die Surrealisten zwar forderten, aber nicht eigentlich vollzogen: die Verschmelzung von Traum und Wirklichkeit. Eigentlich handelt es sich um eine alte, schon von Novalis erahnte ästhetische Bestrebung des Romans, die aber die Kunst einer Alchimie erforderlich macht, welche erst etwa hundert Jahre danach von Kafka entdeckt wurde. Diese enorme Entdeckung stellt nicht so sehr das Ende einer Entwicklung, vielmehr eine unerwartete Erschließung dar, die den Roman vom scheinbar unabdingbaren Imperativ der Wahrscheinlichkeit befreit und als Ort ausweist, wo die Imagination sich entladen kann wie im Traum.

Der Ruf des Denkens. – Mit Musil und Broch trat auf dem Schauplatz des Romans eine überlegene, strahlende Intelligenz in Erscheinung. Nicht um den Roman in Philosophie zu transformieren, sondern um auf berichtender Grundlage das Wesen des Menschen mit allen Mitteln, rationalen und irrationalen, erzählerischen und meditativen, zu beleuchten und den Roman zur höchsten intellektuellen Synthese zu führen. Ist ihre Leistung Abschluß der Geschichte des Romans oder eher Einladung zu einer langen Reise?

Der Ruf der Zeit. – Die Periode der *endzeitlichen Paradoxa* legt dem Romancier nahe, die Frage der Zeit nicht mehr auf das Proustsche Problem der persönlichen Erinnerung zu begrenzen, sondern sie um das Rätsel der kollektiven Zeit, der Zeit Europas, zu erweitern, eines Europa, das auf seine Vergangenheit zurückschaut und Bilanz zieht, um seine Geschichte zu erfassen, wie ein alter Mensch mit *einem* Blick sein eigenes verflossenes Leben überschaut. Daher der Impuls, die zeitlichen Grenzen eines individuellen Lebens, in denen der Roman sich bis anhin gehalten hatte, zu überschreiten und mehreren historischen Epochen Raum zu gewähren (Aragon und Fuentes haben das schon versucht).

Aber ich will hinsichtlich künftiger Wege des Romans, die ich ja nicht kenne, keine Prophezeiungen abgeben; ich will lediglich sagen: Wenn der Roman wirklich verschwin-

den sollte, dann nicht, weil er am Ende seiner Kräfte ist,
sondern weil er sich in einer Welt befindet, die nicht mehr
die seine ist.

9

Die Vereinheitlichung der Weltgeschichte, dieser humani-
stische Traum, dessen Verwirklichung Gott boshafterweise
zugelassen hat, wird von einem schwindelerregenden Reduktionsprozeß begleitet. Es stimmt zwar, daß die Termiten der Reduktion das menschliche Leben seit eh und je
zerfressen haben: selbst die größte Liebe wird schließlich
auf ein Skelett dürftiger Erinnerungen reduziert. Aber der
Charakter der modernen Gesellschaft leistet diesem Fluch
ungeheuer Vorschub: Das menschliche Leben wird auf
seine soziale Funktion, die Geschichte eines Volkes auf
einige Ereignisse reduziert, die ihrerseits auf eine tenden-
ziöse Interpretation reduziert werden; das soziale Leben
wird auf den politischen Kampf und dieser auf die Konfrontation lediglich zweier Weltmächte reduziert. Der
Mensch ist einem wahren *Wirbel der Reduktion* ausgesetzt, in
dem die »Lebenswelt«, von der Husserl sprach, sich ver-
hängnisvoll verfinstert und das Sein dem Vergessen an-
heimfällt.

Sollte nun aber die Existenzberechtigung des Romans
darin bestehen, die »Lebenswelt« immer wieder ins Licht
zu rücken und uns gegen die »Seinsvergessenheit« zu
schützen, ist es dann nicht notwendiger denn je, daß der
Roman existiert?

Mir kommt das jedenfalls so vor. Doch leider wird auch
der Roman von den Termiten der Reduktion befallen, die
nicht nur den Sinn der Welt, sondern auch den Sinn der
Werke reduzieren. Der Roman (wie die Kultur über-

haupt) ist immer mehr den Medien ausgeliefert, die als Handlanger der Vereinheitlichung der Weltgeschichte den Reduktionsprozeß erweitern und kanalisieren; sie verbreiten in der ganzen Welt die gleichen Vereinfachungen und Klischees, die von einer möglichst großen Anzahl, von allen, von der ganzen Menschheit akzeptiert werden können. Dabei spielt es keine große Rolle, daß ihre verschiedenen Organe verschiedenen politischen Interessen Ausdruck verleihen. Hinter diesem oberflächlichen Unterschied herrscht ein gemeinsamer Geist. Es genügt schon, die amerikanischen oder europäischen politischen Wochenzeitschriften, die linken wie die rechten, den *Spiegel* oder *Time* durchzublättern: Sie haben alle die gleiche Perspektive auf das Leben, was sich in der gleichen Abfolge ihrer Inhaltsübersichten, in gleichen Rubriken, gleichen journalistischen Formen, im gleichen Vokabular und Stil, in den gleichen künstlerischen Geschmacksausrichtungen und in der gleichen Hierarchie dessen niederschlägt, was sie wichtig und was sie unbedeutend finden. Dieser Gemeinsinn der Massenmedien, der sich hinter ihrer politischen Vielfalt tarnt, ist der Geist unserer Zeit. Dieser Geist scheint mir dem Geist des Romans zu widersprechen.

Der Geist des Romans ist der Geist der Komplexität. Jeder Roman sagt zu seinem Leser: »Die Dinge sind komplizierter, als du denkst.« Das ist die ewige Wahrheit des Romans, die sich aber im Lärm der einfachen, schnellen Antworten, die der Frage vorausgehen und sie ausschließen, immer weniger Gehör verschaffen kann. Für den Geist unserer Zeit hat entweder Anna oder Karenin recht, und die alte Cervantessche Weisheit, die uns die Schwierigkeit des Erkennens und das Ungreifbare der Wahrheit sinnfällig macht, wird als störend und unnütz empfunden.

Der Geist des Romans ist der Geist der Kontinuität: Jedes Werk ist Antwort auf die vorangegangenen Werke, jedes Werk enthält die ganze frühere Erfahrung des Romans. Aber der Geist unserer Zeit ist aufs Aktuelle fixiert, das so raumgreifend, so umfassend ist, daß es die Vergangenheit aus unserem Gesichtskreis verbannt und die Zeit auf den einen, gegenwärtigen Augenblick reduziert. Der in dieses System eingebundene Roman ist nicht mehr *Werk* (also etwas, das dauern, das die Vergangenheit mit der Zukunft verbinden soll), sondern aktuelles Ereignis wie andere Ereignisse, eine Geste ohne Morgen.

10

Wird also der Roman in einer Welt, »die nicht mehr die seine ist«, verschwinden? Wird er Europa der »Seinsvergessenheit« überlassen? Wird nichts mehr übrigbleiben als das endlose Geschwätz der Graphomanen, nichts als *Romane nach der Geschichte des Romans*? Ich weiß es nicht. Ich glaube allerdings, daß der Roman mit dem Geist unserer Zeit nicht in Frieden leben kann: Wenn er weiterhin das Unentdeckte entdecken will, wenn er in seiner Eigenschaft als Roman noch »fortschreiten« will, kann er es nur noch gegen den Fortschritt der Welt tun.

Die Avantgarde hat die Dinge anders gesehen; sie war vom Ehrgeiz besessen, mit der Zukunft in Einklang zu stehen. Die avantgardistischen Künstler schufen Werke, die zwar mutig, schwierig und provozierend waren und verhöhnt wurden, aber sie schufen sie in der Gewißheit, daß der »Zeitgeist« mit ihnen sei und ihnen schon bald recht geben würde.

Früher habe auch ich die Zukunft als einzigen zuständigen Richter über unsere Werke und Handlungen betrachtet. Später habe ich begriffen, daß der Flirt mit der Zukunft schlimmster Konformismus, feige Liebedienerei gegenüber dem Stärkeren ist. Denn die Zukunft ist immer stärker als die Gegenwart. Gewiß, sie wird uns beurteilen. Und mit Sicherheit ohne jede Kompetenz.

Doch wenn die Zukunft in meinen Augen keinen Wert darstellt, was ist dann für mich verbindlich? Gott? Das Vaterland? Das Volk? Das Individuum?

Meine Antwort ist so lächerlich wie ehrlich: Verbindlich ist für mich einzig und allein das verkannte Erbe des Cervantes.

Zweiter Teil

Gespräch über die Kunst
des Romans

C.S.: Ich möchte diese Unterhaltung der Ästhetik Ihrer Romane widmen. Doch wie wollen wir anfangen?

M.K.: Mit der Versicherung: Meine Romane sind nicht psychologisch. Genauer gesagt: Sie müssen jenseits der Ästhetik des für gewöhnlich als psychologisch bezeichneten Romans gesehen werden.

C.S.: Aber sind nicht alle Romane zwangsläufig psychologisch? Das heißt, mit dem Rätsel der Psyche beschäftigt?

M.K.: Seien wir noch genauer: Alle Romane aller Zeiten sind mit dem Rätsel des Ich beschäftigt. Sobald man ein imaginäres Wesen, eine Figur schafft, ist man automatisch mit der Frage konfrontiert: Was ist das Ich? Wie kann das Ich erfaßt werden? Das ist eine der grundsätzlichen Fragen, auf welchen der Roman als solcher beruht. Anhand der verschiedenen Antworten auf diese Frage könnten Sie, wenn Sie wollten, verschiedene Tendenzen und vielleicht verschiedene Perioden in der Geschichte des Romans unterscheiden. Die ersten europäischen Erzähler kennen den psychologischen Zugriff überhaupt nicht. Boccaccio vermittelt uns einfach Handlungen und Abenteuer. Allerdings steht hinter diesen amüsanten Geschichten eine Überzeugung: Als Handelnder tritt der Mensch aus der gleichförmigen Welt des Alltags heraus, wo jeder jedem ähnlich ist, als Handelnder unterscheidet er sich von den anderen und wird Individuum. Dante hat es so formuliert: »Bei jeder Handlung ist die Hauptabsicht des Handelnden, sein eigenes Bild zu enthüllen.« Zunächst wird Handlung somit als Selbstporträt des Handelnden verstanden. Diderot, vier Jahrhunderte nach Boccaccio,

ist da skeptischer: Sein *Jacques le Fataliste* verführt die
Verlobte seines Freundes und betrinkt sich vor Freude,
worauf ihm sein Vater eine Tracht Prügel verpaßt; aus
Ärger darüber läßt er sich von einem gerade vorbeiziehen-
den Regiment anwerben, wird in der ersten Schlacht am
Knie verwundet und hinkt für den Rest seines Lebens. In
der Meinung, ein Liebesabenteuer einzugehen, schuf er in
Wirklichkeit die Voraussetzung für seine Invalidität. Er
kann sich in seiner Tat nicht wiedererkennen. Zwischen
seiner Tat und ihm selbst klafft ein Riß. Der Mensch will
handelnd sein eigenes Bild enthüllen, aber dieses Bild ist
ihm nicht ähnlich. Das Paradoxe der Handlung ist eine der
großen Entdeckungen des Romans. Doch wenn das Ich
durch sein Handeln nicht faßbar ist, wo und wie kann man
es dann erfassen? Es trat somit der Augenblick ein, wo der
Roman auf seiner Suche nach dem Ich sich von der sicht-
baren Welt der Handlung abwenden und sich mit dem
Unsichtbaren des Innenlebens beschäftigen mußte. Um
die Mitte des 18. Jahrhunderts herum entdeckt Richardson die Form des Briefromans, in dem die Figuren über ihr
Denken und Fühlen Rechenschaft ablegen.

C.S.: Die Geburt des psychologischen Romans?

M.K.: Der Ausdruck ist natürlich ungenau und trifft die
Sache nicht ganz. Vermeiden wir ihn und umschreiben wir
es so: Richardson hat dem Roman den Weg zur Erforschung des menschlichen Innenlebens gewiesen. Die großen Namen, die das weiterführten, sind bekanntlich der
Goethe des *Werther*, Laclos, Benjamin Constant, dann
Stendhal und die Schriftsteller seines Jahrhunderts. Höhe-
punkte dieser Entwicklung sind meiner Meinung nach
Proust und Joyce. Joyce analysiert etwas noch Ungreif-
bareres als Prousts »verlorene Zeit«: den gegenwärtigen
Augenblick. Es gibt scheinbar nichts Einleuchtenderes,
nichts, was so mit Händen zu greifen wäre wie der gegen-

wärtige Augenblick. Und trotzdem kommt er uns völlig abhanden. Darauf beruht das ganze Elend des Lebens. In einer einzigen Sekunde nehmen unser Gesichtssinn, unser Gehör- und Geruchssinn (bewußt oder unbewußt) eine ganze Menge von Ereignissen wahr, und durch unseren Kopf zieht ein Schwarm von Empfindungen und Ideen. Jeder Augenblick stellt ein kleines Universum dar, das im nächsten Augenblick unwiderruflich vergessen ist. Joyces großes Mikroskop vermag indessen diesen flüchtigen Augenblick festzuhalten, zu erfassen und uns vorzuführen. Doch die Suche nach dem Ich läuft wieder einmal auf ein Paradoxon hinaus: Je größer die das Ich beobachtende Optik des Mikroskops ist, desto mehr kommen uns das Ich und seine Einmaligkeit abhanden: Unter Joyces großer Linse, die die Seele in Atome zersetzt, erscheinen wir alle gleich. Doch wenn das Ich und seine Einmaligkeit im Innenleben des Menschen nicht greifbar sind, wo und wie kann man sie dann erfassen?

C.S.: Kann man sie überhaupt erfassen?

M.K.: Natürlich nicht. Die Suche nach dem Ich hat immer mit einem paradoxen Unbefriedigtsein geendet und wird immer so enden. Ich rede nicht von einem Scheitern. Denn der Roman kann die Grenzen seiner eigenen Möglichkeiten nicht überschreiten, und das Aufzeigen dieser Grenzen ist schon eine riesige Entdeckung, eine riesige kognitive Leistung. Das hindert nicht, daß die großen Romanciers sich, nachdem sie den Grund dessen ausgelotet hatten, was eine ins einzelne gehende Erkundung des Innenlebens eines Ichs beinhaltet, bewußt oder unbewußt anders auszurichten begannen. Man spricht oft von der heiligen Dreifaltigkeit des modernen Romans: Proust, Joyce und Kafka. Aber für mich, in meiner persönlichen Geschichte des Romans, leitet Kafka eine neue Ausrichtung ein. Eine nach-proust'sche Ausrichtung. Seine Art und Weise, das Ich aufzufassen, ist ganz und gar überraschend. Wodurch wird K. zu einem einzigartigen Wesen? Weder durch seine äußere Erscheinung (darüber wird gar nichts gesagt), noch durch seine Biographie (die man nicht kennt), noch durch seinen Namen (er hat keinen), noch durch seine Erinnerungen, Neigungen und Komplexe. Durch sein Verhalten? Der Freiraum für seine Handlungen ist kläglich eingeschränkt. Durch die Art und Weise seines Denkens? Ja, Kafka geht K.'s Reflexionen ständig nach, doch die sind ausschließlich auf eine gegenwärtige Situation bezogen: Was muß man in diesem Fall, im gegenwärtigen Augenblick tun? Der Vorladung nachkommen oder sich drücken? Dem Ruf des Priesters folgen oder nicht? K.'s gesamtes Innenleben wird von der Situation absorbiert, in der er wie in einer Falle gefangen ist, und was über diese Situation hinausgehen könnte (K.'s Erinnerungen, seine metaphysischen Überlegungen, seine Meinung über die andern), wird uns nicht mitgeteilt. Für Proust stellte das innere Universum des Menschen ein Wunder dar, eine Unendlichkeit, die uns unaufhörlich in Erstaunen versetzt. Aber bei Kafka ist das Erstaunen anderer Art. Er fragt nicht nach den inneren Beweggründen, die das Verhalten des Menschen bestimmen. Er stellt eine radikal andere Frage: Welche Möglichkeiten bleiben einem Menschen noch in einer Welt, in der die äußere Determiniertheit so übermächtig geworden ist, daß innere Antriebe nicht mehr ins Gewicht fallen? In der Tat, inwiefern hätte es K.'s Schicksal und Haltung ändern können, wenn er homosexuelle Neigungen gehabt oder eine schmerzliche Liebesgeschichte hinter sich hätte? Überhaupt nicht.

C.S.: Sie sagen in *Die unerträgliche Leichtigkeit des Seins*: »Ein Roman ist nicht das Bekenntnis eines Autors, sondern die Erforschung dessen, was das menschliche Leben bedeutet in der Falle, zu der die Welt geworden ist.« Aber was meinen Sie mit ›Falle‹?

M.K.: Daß das Leben eine Falle ist, war schon immer bekannt. Man ist in die Welt gesetzt worden, ohne daß man es gewünscht hat, in einen Körper eingesperrt, den man nicht hat wählen können und dessen Schicksal es ist, zu sterben. Dafür bot die Welt in ihrer räumlichen Weite immer eine Fluchtmöglichkeit. Ein Soldat konnte desertieren und in einem benachbarten Land ein neues Leben beginnen. In unserem Jahrhundert zieht sich die Welt um uns herum plötzlich immer enger zusammen. Das entscheidende Ereignis dieser Verwandlung der Welt in eine Falle ist zweifellos der Krieg von 1914 gewesen, der (zum ersten Mal in der Geschichte) Weltkrieg genannt wurde. Übrigens zu Unrecht. Betroffen war nur Europa, und nicht einmal *ganz* Europa. Aber das Wort »Weltkrieg« drückt um so beredter das Gefühl des Schreckens aus angesichts der Tatsache, daß von nun an nichts, was sich auf unserem Planeten abspielt, nur ein örtlich begrenzter Vorgang ist, sondern daß alle Katastrophen die ganze Welt betreffen und wir folglich immer mehr von außen, durch Situationen determiniert werden, denen niemand entgehen kann und die uns einander immer ähnlicher machen.

Aber verstehen Sie mich richtig. Wenn ich sage, mein Standort sei jenseits des sogenannten psychologischen Romans, so heißt das nicht, daß ich meinen Romanfiguren ihr Innenleben nehmen will. Es heißt lediglich, daß meine Romane in erster Linie anderen Rätseln, anderen Fragen nachgehen. Es heißt auch nicht, daß ich Romane ablehne, die von der Psychologie fasziniert sind. Die Veränderung der Situation nach Proust erfüllt mich eher mit Nostalgie. Mit Proust entfernt sich nach und nach etwas ungeheuer Schönes von uns. Für immer, unwiderruflich. Gombrowicz hatte eine so komische wie geniale Idee. Das Gewicht

unseres Ichs, sagte er, ist abhängig von der Bevölkerungs-
dichte auf der Erde. So repräsentierte Demokrit ein Vier-
hundertmillionstel der Menschheit, Brahms ein Milliard-
stel, Gombrowicz selbst ein Zweimilliardstel. Stellt man
sich auf diesen arithmetischen Standpunkt, nimmt das
Gewicht der Proust'schen Unendlichkeit, das Gewicht eines Ichs, des Innenlebens eines Ichs, immer mehr ab. Und
wir haben bei dieser Entwicklung zur Leichtigkeit hin jetzt
eine verhängnisvolle Grenze überschritten.

C.S.: »Die unerträgliche Leichtigkeit« des Ichs ist schon
in Ihren ersten Büchern Ihre Obsession. Ich denke an *Das
Buch der lächerlichen Liebe*; zum Beispiel an die Novelle
Eduard und Gott. Nach seiner ersten Liebesnacht mit der
jungen Alice wird Eduard von einem sonderbaren, für
seine Geschichte entscheidenden Unbehagen ergriffen: Er
betrachtet seine kleine Freundin, und es kommt ihm so
vor, »als hätten ihre Ansichten nur an ihrem Schicksal
geklebt, als hätte ihr Schicksal an ihrem Körper geklebt, er
sah sie als zufällige Verbindung von Körper, Gedanken
und Biographie, als unorganische, arbiträre und labile
Verbindung«. Und auch in einer anderen Novelle, *Fingier-
ter Autostop*, ist das junge Mädchen gegen Ende der Erzählung durch die Ungewißheit hinsichtlich ihrer Identität so
verunsichert, daß sie schluchzend wiederholt: »Ich bin ich,
ich bin ich, ich bin ich . . .«

M.K.: In *Die unerträgliche Leichtigkeit des Seins* betrachtet
Teresa sich im Spiegel. Sie fragt sich, was wohl geschehen
würde, wenn ihre Nase jeden Tag einen Millimeter länger würde. Nach wie vielen Tagen wäre ihr Gesicht
unkenntlich? Und wenn ihr Gesicht nicht mehr Teresa
gliche, wäre dann Teresa noch Teresa? Wo beginnt und
wo endet das Ich? Sie sehen: Das Erstaunen bezieht sich
nicht auf die unergründliche Unendlichkeit der Seele. Es
ist vielmehr ein Erstaunen angesichts der Unsicherheit,

die man hinsichtlich seines Ichs und seiner Identität empfindet.

C.S.: In Ihren Romanen findet der innere Monolog überhaupt keine Anwendung.

M.K.: Joyce hat in Blooms Kopf ein Mikrophon angebracht. Dank dieser phantastischen Spionage, die der innere Monolog ja darstellt, haben wir enorm viel gelernt in bezug auf das, was wir sind. Aber ich kann mich dieses Mikrophons nicht bedienen.

C.S.: Bei Joyce durchzieht der innere Monolog den ganzen Roman, er ist die Grundlage seines Aufbaus, die beherrschende Methode. Spielt bei Ihnen die philosophische Meditation diese Rolle?

M.K.: Ich finde das Wort »philosophisch« unpassend. Die Philosopie entwickelt ihr Denken in einem abstrakten Raum ohne Figuren und Situationen.

C.S.: Sie beginnen *Die unerträgliche Leichtigkeit des Seins* mit einer Überlegung über Nietzsches Ewige Wiederkehr. Ist das nicht eine philosophische Meditation, die abstrakt, ohne Figuren und Situationen, entwickelt wird?

M.K.: Ganz und gar nicht! Die genannte Überlegung führt direkt, von der ersten Zeile des Romans an, in die grundsätzliche Situation einer Romanfigur, nämlich Tomas', ein; sie stellt sein Problem dar: die Leichtigkeit der Existenz in einer Welt, wo es eine Ewige Wiederkehr nicht gibt. Sie sehen, wir kommen schließlich wieder auf unsere Frage zurück: Was steht jenseits des sogenannten psychologischen Romans? Oder anders ausgedrückt: Wie kann man das Ich auf nicht-psychologische Weise erfassen? ›Ein Ich erfassen‹ will in meinen Romanen besagen, das Wesen seiner existentiellen Problematik erfassen. Seinen *existentiellen Code*. Als ich *Die unerträgliche Leichtigkeit des Seins* schrieb, wurde mir klar, daß der Code dieser oder jener Figur aus einigen Schlüsselworten besteht. Für Teresa:

der Körper, die Seele, der Schwindel, die Schwäche, die Idylle, das Paradies. Für Tomas: die Leichtigkeit, die Schwere. Im Kapitel *Unverstandene Wörter* untersuche ich die existentiellen Codes von Franz und Sabina, indem ich verschiedene Wörter analysiere: die Frau, die Treue, der Verrat, die Musik, das Dunkel, das Licht, die Umzüge, die Schönheit, die Heimat, der Friedhof, die Stärke. Jedes dieser Wörter hat im existentiellen Code der beiden eine andere Bedeutung. Natürlich wird dieser Code nicht *in abstracto* abgehandelt; er tritt allmählich in der Handlung, in Situationen hervor. Nehmen Sie zum Beispiel den dritten Teil von *Das Leben ist anderswo*: Der Held, der schüchterne Jaromil, hat noch keine Erfahrung in der Liebe. Eines Tages geht er mit seiner Freundin spazieren, und sie legt plötzlich den Kopf an seine Schulter. Er ist überglücklich und sogar körperlich erregt. Ich verweile bei diesem Mini-Ereignis und stelle fest: »Einen Mädchenkopf an seiner Schulter zu spüren, war das größte Glück, das Jaromil bis dahin erlebt hatte.« Von hier ausgehend, versuche ich Jaromils Erotik zu erfassen: »Ein Mädchenkopf bedeutete ihm mehr als ein Mädchenkörper.« Das heißt nicht, was ich betonen möchte, der Körper sei ihm gleichgültig gewesen, sondern: »Er sehnte sich nicht nach der Nacktheit eines Mädchenkörpers; er sehnte sich nach einem Mädchengesicht, das von der Nacktheit des Körpers erleuchtet wurde. Er sehnte sich nicht nach dem Besitz eines Mädchenkörpers; er sehnte sich nach dem Besitz eines Mädchengesichts, das ihm als Liebesbeweis den Körper geben würde.« Ich versuche für diese Haltung einen Namen zu finden. Ich wähle das Wort *Zärtlichkeit*. Und ich prüfe dieses Wort: Ja, was ist eigentlich Zärtlichkeit? Ich finde nacheinander verschiedene Antworten: »Zärtlichkeit wird in dem Augenblick geboren, wo wir die Schwelle des Erwachsenseins überschreiten müssen und wo wir die

Vorteile des Kindseins, die wir als Kinder nicht begriffen hatten, angstvoll begreifen.« Und dann: »Zärtlichkeit ist das Erschrecken vor dem Erwachsensein.« Und noch eine weitere Definition: »Zärtlichkeit heißt, daß wir einen künstlichen Raum schaffen, in dem der andere wie ein Kind behandelt werden soll.« Wie Sie sehen, zeige ich nicht, was sich in Jaromils Kopf abspielt, sondern eher, was sich in meinem eigenen Kopf abspielt: Ich beobachte Jaromil lange und versuche mich seiner inneren Haltung Schritt für Schritt anzunähern, um sie zu verstehen, zu benennen, zu erfassen.

In *Die unerträgliche Leichtigkeit des Seins* lebt Teresa mit Tomas, aber diese Liebe nimmt alle ihre Kräfte in Anspruch, und plötzlich kann sie nicht mehr, sie will zurück in jenes »Unten«, woher sie gekommen ist. Ich frage mich: Was geschieht ihr? Und finde die Antwort: Sie ist von einem Schwindelgefühl erfaßt worden. Aber was ist Schwindel? Ich suche eine Definition und sage: »Eine betäubende, unüberwindliche Sehnsucht nach dem Fall«. Aber ich korrigiere mich sogleich, fasse die Definition genauer: ». . . Schwindel ist Trunkenheit durch Schwäche. Man ist sich seiner Schwäche bewußt und will sich nicht gegen sie wehren, sondern sich ihr hingeben. Man ist trunken von der eigenen Schwäche, man möchte noch schwächer sein, man möchte mitten auf der Straße vor aller Augen zusammenbrechen, man möchte unten, noch tiefer als unten sein.« Der Schwindel ist einer der Schlüssel, um Teresa zu verstehen. Es ist nicht der Schlüssel, um Sie oder mich zu verstehen. Doch wir kennen zumindest diese Art von Schwindel als Möglichkeit, als eine der Möglichkeiten der Existenz. Ich habe Teresa erfinden müssen, ein »experimentelles Ego«, um diese Möglichkeit zu verstehen, um den Schwindel zu verstehen.

Auf diese Weise werden aber nicht nur Ausnahmesituationen befragt; der ganze Roman ist eine lange Befragung. Die meditative Befragung (fragende Meditation) ist die Grundlage, auf der alle meine Romane aufbauen. Bleiben wir bei *Das Leben ist anderswo*. Der Roman trug zuerst den Titel: *Das lyrische Alter*. Ich habe ihn im letzten Augenblick auf Drängen von Freunden, die ihn fade und trocken fanden, geändert. Es war eine Dummheit, ihnen nachzugeben. Im Grunde finde ich es richtig, wenn der Titel eines Romans auf seine Hauptkategorie verweist. *Der Scherz. Das Buch vom Lachen und vom Vergessen. Die unerträgliche Leichtigkeit des Seins.* Sogar *Das Buch der lächerlichen Liebe.* Dieser Titel darf nicht im Sinne von »amüsante Liebesgeschichten« verstanden werden. Die Idee der Liebe wird immer mit etwas Ernstem verbunden. »Lächerliche Liebe« weist aber auf die Kategorie der unernsten Liebe hin. Ein entscheidender Begriff für den modernen Menschen. Doch kommen wir auf *Das Leben ist anderswo* zurück. Dieser Roman beruht auf einigen Fragen: Was beinhaltet eine lyrische Haltung? Was bedeutet die Jugend, insofern sie das lyrische Alter ist? Was meint die dreifache Verbindung »Lyrismus – Revolution – Jugend«? Und was heißt es, Dichter zu sein? Ich erinnere mich, daß ich diesen Roman mit einer Arbeitshypothese, mit folgender Definition, die ich in meinem Notizbuch festgehalten habe, zu schreiben begann: »Der Dichter ist ein junger Mann, den seine Mutter nötigt, sich dem Antlitz der Welt, in die er nicht einzutreten vermag, auszusetzen.« Sie sehen, diese Definition ist weder soziologisch noch ästhetisch noch psychologisch.

C.S.: Sie ist phänomenologisch.

M.K.: Das Wort ist nicht schlecht, aber ich versage mir, es zu gebrauchen. Dazu habe ich zu große Angst vor den Professoren, für die Kunst lediglich etwas aus philosophischen und theoretischen Strömungen Abgeleitetes ist. Der Roman kennt das Unbewußte bereits vor Freud, den Klassenkampf vor Marx, er praktiziert die Phänomenologie (die Erforschung der Essenz menschlicher Situationen), bevor es Phänomenologen gibt. Welch großartige »phänomenologische Beschreibungen« bei Proust, der keinen Phänomenologen gelesen hat!

C.S.: Halten wir jetzt einiges fest. Es gibt verschiedene Arten, das Ich zu erfassen. Zunächst durch seine Handlungen. Dann durch sein Innenleben. Was Sie betrifft, so versichern Sie: Das Ich wird vom Wesen seiner existentiellen Problematik determiniert. Diese Haltung hat bei Ihnen zahlreiche Konsequenzen. So sehen Sie infolge Ihrer Leidenschaft, die Essenz der Situationen zu verstehen, offenbar alle Techniken der Beschreibung für überholt an. Sie sagen fast nichts über die äußere Erscheinung Ihrer Figuren. Und da Sie die Analyse der Situationen mehr interessiert als die Erforschung psychologischer Motivationen, äußern Sie sich auch nur sparsam über die Vergangenheit Ihrer Figuren. Besteht bei einer solchen sehr abstrakten Erzählweise nicht die Gefahr, daß Ihre Figuren zu wenig lebendig wirken?

M.K.: Versuchen Sie, diese Frage auch Kafka oder Musil zu stellen. Musil hat man sie übrigens gestellt. Selbst überaus kultivierte Persönlichkeiten haben ihm vorgeworfen, er sei eigentlich kein Romancier. Walter Benjamin bewunderte zwar seine Intelligenz, nicht aber seine Kunst. Eduard Roditi findet seine Figuren zu wenig lebendig und legt ihm Proust als nachahmenswertes Beispiel nahe: Wie lebendig und wirklich, sagt er, ist Madame Verdurin im Vergleich mit Diotima! Tatsächlich haben zwei Jahrhunderte, in denen der psychologische Realismus den Ton angab, ein paar fast unverletzliche Normen geschaffen: 1. Man muß über eine Romanfigur möglichst viele Informationen liefern: über ihr Aussehen, über ihre Art zu sprechen und sich zu verhalten; 2. Man muß die Vergangenheit einer Figur vor Augen führen, denn auf ihr beruhen alle Motivationen ihres gegenwärtigen Verhaltens; 3. Die Figur muß vollkommen unabhängig sein, das heißt, der Autor und seine eigenen Meinungen müssen verschwinden, um den Leser, der sich der Illusion hingeben und das Erfundene für Realität halten will, nicht zu stören. Nun hat aber Musil diesen alten Vertrag zwischen dem Roman und dem Leser gebrochen. Andere Romanciers übrigens auch. Wissen wir etwa, wie Esch aussieht, Brochs Hauptfigur? Nein. Nur daß er ein Pferdegebiß hat. Was wissen wir von K.'s oder Schwejks Kindheit? Und sowohl Musil wie Broch wie Gombrowicz sind mit ihren Gedanken in ihren Romanen ungeniert anwesend. Die Romanfigur ist kein Scheinbild eines lebendigen Wesens. Sie ist ein imaginäres Wesen. Ein experimentelles Ego. Der Roman knüpft damit wieder an seine Anfänge an. Don Quijote ist als lebendiges Wesen kaum denkbar. Und doch, welche Romanfigur ist in unserem Gedächtnis lebendiger als er? Verstehen Sie mich recht, ich will den Leser und seinen zwar naiven, aber auch legitimen Wunsch, sich von der imaginären Welt des Romans mitreißen zu lassen und ihn von Zeit zu Zeit mit der Wirklichkeit zu verwechseln, nicht von oben herab betrachten. Aber ich glaube nicht, daß dazu die Technik des psychologischen Realismus erforderlich ist. Ich habe *Das Schloß* zum ersten Mal mit vierzehn Jahren gelesen. Ich bewunderte damals einen Eishockeyspieler, der in unserer Nähe wohnte, und stellte mir vor, K. sehe so aus wie er. Und ich sehe ihn bis heute so. Ich will damit sagen, daß die Imagination des Lesers die Imagination des Autors unwillkürlich ergänzt. Ist Tomas blond oder dunkelhaarig? War sein Vater reich oder arm? Wählen Sie selbst!

C.S.: Aber Sie halten sich selbst nicht immer an diese Regel: In *Die unerträgliche Leichtigkeit des Seins* hat zwar

Tomas fast keine Vergangenheit, aber Teresa wird nicht nur mit ihrer eigenen Kindheit, sondern auch mit der Kindheit ihrer Mutter vorgestellt!

M.K.: Sie finden in dem Roman folgenden Satz: ». . . manchmal habe ich den Eindruck, daß ihr Leben nur eine Verlängerung des Lebens der Mutter war, wie der Lauf einer Billardkugel die Verlängerung der Handbewegung des Spielers.« Ich spreche von der Mutter, aber nicht etwa, um eine Informationsliste über Teresa aufzustellen, sondern weil die Mutter ihr Hauptthema ist, weil Teresa eine »Verlängerung der Mutter« ist und darunter leidet. Wir wissen auch, daß sie kleine Brüste hat mit »zu großen und zu dunklen Höfen rund um die Brustwarzen«, als seien sie hingepinselt worden von einem »Dorfmaler, der erotische Kunst für Bedürftige malen wollte«. Diese Information ist unabdingbar, denn für Teresa ist ihr Körper ein weiteres großes Thema. Dafür verliere ich, was Tomas, ihren Mann, angeht, kein Wort über seine Kindheit, seinen Vater und seine Mutter, seine Familie, und sein Körper und sein Gesicht bleiben uns vollkommen unbekannt, weil das Wesentliche seiner existentiellen Problematik in anderen Themen verwurzelt ist. Er ist nicht weniger »lebendig«, weil diese Informationen fehlen. Eine Figur wirkt dann »lebendig«, wenn der Autor ihrer existentiellen Problematik auf den Grund geht. Und das heißt, daß man einigen Situationen, einigen Motiven oder einigen Wörtern, von denen sie geprägt ist, auf den Grund geht. Das ist alles.

C.S.: Ihre Konzeption des Romans könnte also als poetische Meditation über die Existenz definiert werden. Man hat allerdings Ihre Romane nicht immer so aufgefaßt. Sie enthalten viele politische Ereignisse, die soziologische, historische und ideologische Interpretationen nahegelegt haben. Wie vereinbaren Sie Ihr Interesse für Sozialgeschichte und Ihre Überzeugung, daß der Roman vor allem das Rätsel der Existenz erforsche?

M.K.: Heidegger charakterisiert die Existenz durch eine bekannte Formel: In-der-Welt-sein. Der Mensch bezieht sich auf die Welt nicht wie das Subjekt aufs Objekt, das Auge aufs Bild, nicht einmal wie ein Schauspieler auf das Bühnenbild. Der Mensch und die Welt sind verbunden wie die Schnecke mit ihrem Haus: Die Welt ist Teil des Menschen, ist seine Dimension, und in dem Maße, wie die Welt sich verändert, verändert sich auch die Existenz (das In-der-Welt-sein). Seit Balzac hat die »Welt« unseres Seins historischen Charakter, und das Leben der Figuren verläuft in einem von Daten abgesteckten Zeitraum. Der Roman wird sich dieses Balzacschen Erbes nie mehr entledigen können. Selbst Gombrowicz, der phantastische, unglaubliche Geschichten erfindet und alle Regeln der Wahrscheinlichkeit verletzt, kann sich dem nicht entziehen. Seine Romane spielen in einer datierten, durchaus historischen Zeit. Aber man darf eines nicht verwechseln: Es gibt einerseits den Roman, der die *historische Dimension der menschlichen Existenz* erforscht, und andererseits den Roman, der *Illustration einer historischen Situation* ist, Beschreibung einer Gesellschaft zu einem bestimmten Zeitpunkt, in Romanform gefaßte Geschichtsschreibung. Sie kennen alle diese Romane, die über die Französische Revolution, über Marie-Antoinette oder über das Jahr 1914, über die Kollektivierung in der UdSSR (dafür oder dagegen) oder über das Jahr 1984 geschrieben wurden; all das sind Romane, die die Erkenntnis, die nicht romanspezifisch ist, in die Sprache des Romans übertragen. Nun, ich werde immer wiederholen: Die einzige Existenzberechtigung eines Romans besteht darin, zu sagen, was nur der Roman sagen kann.

C.S.: Aber was kann der Roman Spezifisches über die

Geschichte sagen? Oder: Wie verfahren Sie mit der Geschichte?

M.K.: Hier einige meiner Prinzipien. Erstens: Ich behandle alle historischen Gegebenheiten mit größtmöglicher Ökonomie. Ich verhalte mich hinsichtlich der Geschichte wie ein Bühnenbildner, der ein abstraktes Bühnenbild mit einigen für die Handlung unabdingbaren Gegenständen entwirft.

Zweites Prinzip: Von den historischen Gegebenheiten halte ich nur die fest, die für meine Figuren eine aufschlußreiche existentielle Situation schaffen. Ein Beispiel: In *Der Scherz* erlebt Ludvik, wie alle seine Freunde und Kollegen die Hand erheben und mit größter Leichtigkeit für seinen Ausschluß aus der Universität stimmen, wodurch sein ganzes Leben durcheinanderkommt. Er ist überzeugt, daß sie notfalls imstande gewesen wären, mit der gleichen Leichtigkeit seiner Hinrichtung durch Erhängen zuzustimmen. Daher seine Definition des Menschen: ein Wesen, das imstande ist, in irgendeiner Situation seinen Nächsten in den Tod zu schicken. Ludviks grundlegende anthropologische Erfahrung hat somit historische Wurzeln, aber die Beschreibung der Geschichte selbst (der Rolle, die die Partei spielt, der politischen Wurzeln des Terrors, der Organisation der sozialen Institutionen usw.) interessiert mich nicht, und Sie werden eine solche in dem Roman nicht finden.

Drittes Prinzip: Die Geschichtsschreibung ist mit der Geschichte der Gesellschaft, nicht mit der Geschichte des Menschen befaßt. Deshalb werden die historischen Ereignisse, die in meinen Romanen vorkommen, von den Geschichtsschreibern oft übersehen. Ein Beispiel: In den Jahren nach der russischen Invasion der Tschechoslowakei im Jahre 1968 ging dem Terror gegen die Bevölkerung ein offiziell organisiertes Massaker unter den Hunden voraus.

45

Eine vollkommen vergessene und für einen Historiker oder Politologen unerhebliche Episode, die aber von höchster anthropologischer Bedeutsamkeit ist! Ich habe das historische Klima von *Der Abschiedswalzer* nur durch diese eine Episode suggeriert. Ein anderes Beispiel: Im entscheidenden Augenblick von *Das Leben ist anderswo* macht sich die Geschichte mittels uneleganter, schäbiger Unterhosen (zu jener Zeit gab es nämlich keine anderen) bemerkbar; angesichts der schönsten erotischen Gelegenheit seines Lebens wagt Jaromil sich nicht auszuziehen und ergreift die Flucht, weil er fürchtet, in dieser Unterhose lächerlich zu wirken. Diese Uneleganz! Wieder eine vergessene historische Begebenheit, aber wie wichtig war sie für jemanden, der gezwungen war, unter einem kommunistischen Regime zu leben!

Aber das vierte Prinzip geht am weitesten: Die historische Gegebenheit soll für eine Romanfigur eine neue existentielle Situation schaffen, darüber hinaus soll aber die Geschichte auch *an sich*, als existentielle Situation, verstanden und analysiert werden. Ein Beispiel: In *Die unerträgliche Leichtigkeit des Seins* kehrt Alexander Dubček, nachdem er von der russischen Armee gefangengenommen und entführt, eingesperrt, bedroht und gezwungen worden war, mit Breschnew zu verhandeln, nach Prag zurück. Er spricht im Rundfunk, kann aber nicht sprechen, ringt nach Atem, macht mitten im Satz lange, schreckliche Pausen. Mir hat diese historische Episode (die im übrigen vollkommen vergessen ist, weil zwei Stunden später die Rundfunktechniker die peinlichen Pausen in seiner Rede herausschneiden mußten) die *Schwäche* vor Augen geführt. Die Schwäche als umfassende Kategorie der Existenz: »Man ist immer schwach, wenn man mit einer Übermacht konfrontiert ist, selbst wenn man einen so athletischen Körper hat wie Dubček.« Teresa kann den Anblick dieser

Schwäche, die sie abstößt und demütigt, nicht ertragen und zieht die Emigration vor. Aber Tomas' Untreue gegenüber ist sie so wehrlos und schwach wie Dubček gegenüber Breschnew. Und wir haben schon erwähnt, was Schwindel ist: Trunkenheit durch Schwäche, die unüberwindliche Sehnsucht nach dem Fall. Teresa begreift plötzlich, daß sie auch »zu den Schwachen gehörte, zum Lager der Schwachen, zum Land der Schwachen, und daß sie ihnen treu bleiben mußte, gerade weil sie schwach waren und mitten im Satz nach Atem rangen«. Und trunken von ihrer Schwäche, verläßt sie Tomas und kehrt nach Prag zurück, in die »Stadt der Schwachen«. Die historische Situation ist in diesem Fall kein Hintergrund, kein Bühnenbild, vor welchem die menschlichen Situationen sich abspielen; sie ist selbst eine menschliche Situation, eine existentielle Situation in Vergrößerung.

So ist auch in *Das Buch vom Lachen und vom Vergessen* der Prager Frühling nicht in seiner politisch-historisch-sozialen Dimension, sondern als eine der grundsätzlichen existentiellen Situationen beschrieben: Der Mensch (eine Generation von Menschen) handelt (macht eine Revolution), doch sein Handeln gerät außer Kontrolle, es gehorcht ihm nicht mehr (die Revolution richtet Verheerungen an, mordet, zerstört); er tut deshalb sein bestes, diese Tat der Übertretung wieder in den Griff zu bekommen, ihn zu zähmen (die Generation gründet eine oppositionelle, reformatorische Bewegung), aber umsonst. Wir können eine außer Kontrolle geratene Tat nie wieder in den Griff bekommen.

C.S.: Was uns die Situation von *Jacques le Fataliste*, von dem Sie zu Beginn sprachen, in Erinnerung ruft.

M.K.: Aber diesmal handelt es sich um eine kollektive, historische Situation.

C.S.: Muß man mit der Geschichte der Tschechoslowakei vertraut sein, um Ihre Romane zu verstehen?

M.K.: Nein. Alles, was man diesbezüglich wissen muß, kommt im Roman zur Sprache.

C.S.: Setzt also die Lektüre der Romane keine historischen Kenntnise voraus?

M.K.: Es gibt die Geschichte Europas. Seit dem Jahre Tausend bis heute ist sie ein einziges gemeinsames Abenteuer. Wir haben daran teil und können die entscheidende Bedeutung all unserer Handlungen, der individuellen wie der nationalen, nur erkennen, wenn wir sie darauf beziehen. Ich kann *Don Quijote* verstehen, ohne die Geschichte Spaniens zu kennen. Ich verstehe ihn aber nicht, wenn ich nicht wenigstens eine pauschale Vorstellung vom historischen Abenteuer Europas habe, von der Ritterzeit zum Beispiel, von der höfischen Liebe und von der Periode, in der das Mittelalter in die Neuzeit überging.

C.S.: In *Das Leben ist anderswo* wird jede Lebensphase Jaromils mit Fragmenten der Biographie von Rimbaud, Keats, Lermontow usw. konfrontiert. Der Prager Umzug zum Ersten Mai verschmilzt mit den Studentendemonstrationen vom Mai 68 in Paris. So schaffen Sie für Ihren Helden eine große, ganz Europa umfassende Bühne. Trotzdem spielt Ihr Roman in Prag. Sein Höhepunkt ist der kommunistische Putsch im Jahre 1948.

M.K.: Für mich ist das der Roman der europäischen Revolution als solcher, in konzentrierter Form.

C.S.: Die europäische Revolution, ein solcher Putsch? Der zudem noch aus Moskau importiert war?

M.K.: Der Putsch war unauthentisch, gut; aber er wurde als Revolution erlebt. Mit all seiner Rhetorik, seinen Illusionen, Reflexen, Gesten, Verbrechen erscheint er mir heute als parodistisches Konzentrat der revolutionären Tradition Europas, als Verlängerung und groteske Vollendung der Epoche der europäischen Revolutionen. So wie Jaromil, der Held dieses Romans, »Verlängerung«

Victor Hugos und Rimbauds, die groteske Vollendung der europäischen Poesie ist. In *Der Scherz* setzt Jaroslav die tausendjährige Geschichte der Volkskunst zu einem Zeitpunkt fort, wo diese gerade am Verschwinden ist. Doktor Havel in *Das Buch der lächerlichen Liebe* spielt zu einem Zeitpunkt den Don Juan, wo ein Don Juan nicht mehr möglich ist. In *Die unerträgliche Leichtigkeit des Seins* verkörpert Franz das letzte melancholische Echo des großen Marsches der europäischen Linken. Und Teresa nimmt in ihrem abgeschiedenen böhmischen Dorf nicht nur vom gesamten öffentlichen Leben ihres Landes Abstand, sondern auch von der Straße, »auf der die Menschheit als ›Herr und Besitzer der Natur‹ vorwärtsmarschiert«. Alle diese Figuren bringen nicht nur ihre persönliche Geschichte, sondern darüber hinaus die überpersönliche Geschichte der europäischen Abenteuer zu einem Abschluß.

C.S.: Das heißt, Ihre Romane spielen im letzten Akt der Neuzeit, die Sie »Periode der endzeitlichen Paradoxa« nennen.

M.K.: Meinetwegen. Doch vermeiden wir ein Mißverständnis. Wenn ich in *Das Buch der lächerlichen Liebe* Havels Geschichte geschrieben habe, so nicht in der Absicht, von einem Don Juan zu erzählen in einer Zeit, in der das abenteuerliche Leben eines Don Juan sich totläuft. Ich habe eine Geschichte geschrieben, die ich komisch fand. Nichts weiter. Alle diese Überlegungen über die endzeitlichen Paradoxa usw. sind meinen Romanen nicht vorangegangen; sie sind aus ihnen hervorgegangen. Als ich *Die unerträgliche Leichtigkeit des Seins* schrieb, haben mich meine Figuren, die sich alle irgendwie aus der Welt zurückziehen, dazu angeregt, an das Schicksal der berühmten Cartesianischen Formel zu denken, die den Menschen als »Herrn und Besitzer der Natur« ausweist. Nachdem diesem »Herrn und Besitzer« in den Naturwissenschaften und in der Technik Wunder gelungen sind, legt er sich plötzlich Rechenschaft darüber ab, daß er gar nichts besitzt und weder Herr der Natur ist (sie zieht sich allmählich von unserem Planeten zurück), noch der Geschichte (sie hat sich seinem Zugriff entzogen), noch Herr seiner selbst (er wird von den irrationalen Kräften seiner Seele gesteuert). Aber wenn Gott abgetreten und der Mensch nicht mehr Herr ist, wer herrscht dann eigentlich? Der Planet zieht herrenlos seine Bahn im Leeren. Da haben wir sie, die unerträgliche Leichtigkeit des Seins.

C.S.: Aber ist es nicht eine egozentrische Täuschung, wenn wir die gegenwärtige Epoche als herausragenden, als den allerwichtigsten Augenblick, nämlich als Augenblick des Endes begreifen? Wie oft schon hat Europa geglaubt, sein Ende, seine Apokalypse zu erleben!

M.K.: Zu allen endzeitlichen Paradoxa kommt noch das Paradoxon des Endes selbst hinzu. Wenn sich in weiter Ferne das nahe bevorstehende Verschwinden eines Phänomens ankündigt, gibt es viele, die das zur Kenntnis nehmen und vielleicht auch bedauern. Aber wenn die Agonie zu Ende geht, sehen wir bereits anderswohin. Der Tod wird unsichtbar. Es ist schon eine Weile her, daß der Bach, die Nachtigall, die sich durch Wiesen schlängelnden Wege aus den Köpfen der Menschen verschwunden sind. Sie werden nicht mehr gebraucht. Wenn morgen die Natur von unserem Erdball verschwindet, wer wird es überhaupt bemerken? Wo sind die Nachfolger von Octavio Paz, von René Char? Wo sind die großen Dichter? Sind sie verschwunden oder ist ihre Stimme nicht mehr hörbar? Auf jeden Fall eine ungeheure Veränderung in unserem Europa, das ohne Dichter einst undenkbar war. Wird denn ein Mensch, der das Bedürfnis nach Poesie verloren hat, bemerken, daß sie verschwunden ist? Das Ende ist keine apokalyptische Explosion. Vielleicht gibt es nichts Friedlicheres als das Ende.

C.S.: Zugegeben. Aber wenn etwas endet, kann man annehmen, daß etwas anderes im Entstehen ist.

M.K.: Sicher.

C.S.: Aber was ist im Entstehen? Das sagen Ihre Romane nicht. Daher der Zweifel: Sehen Sie vielleicht nur die Hälfte unserer historischen Situation?

M.K.: Schon möglich, aber das ist nicht so schlimm. Man muß eben begreifen, was ein Roman ist. Ein Historiker berichtet Ereignisse, die stattgefunden haben. Raskolnikows Verbrechen hat dagegen nie stattgefunden. Der Roman untersucht die Existenz, nicht die Realität. Und die Existenz ist nicht das, was sich abgespielt hat; sie ist das Feld der menschlichen Möglichkeiten, ist all das, was der Mensch werden kann, wessen er fähig ist. Die Romanciers zeichnen die *Karte der Existenz*, indem sie diese oder jene menschliche Möglichkeit aufdecken. Aber noch einmal: Existieren bedeutet: »In-der-Welt-sein«. Man muß also *sowohl* die Figur *als auch* ihre Welt als *Möglichkeiten* begreifen. Bei Kafka ist alles klar: Die kafkaeske Welt ähnelt keiner vorhandenen Wirklichkeit, sie ist eine *extreme, nicht realisierte Möglichkeit* der Menschenwelt. Allerdings wird diese Möglichkeit hinter unserer realen Welt sichtbar und nimmt gleichsam unsere Zukunft vorweg. Man spricht deshalb von Kafkas prophetischer Dimension. Doch selbst wenn seine Romane nichts Prophetisches hätten, verlören sie nichts von ihrem Wert, denn sie erfassen eine Seinsmöglichkeit (eine Möglichkeit des Menschen und seiner Welt) und zeigen uns dadurch, was wir sind und wessen wir fähig sind.

C.S.: Aber Ihre Romane spielen in einer vollkommen realen Welt!

M.K.: Erinnern Sie sich an die *Schlafwandler* von Broch, eine Trilogie, die sich über dreißig Jahre europäischer Geschichte erstreckt. Broch sieht die Geschichte klar definiert durch einen fortwährenden *Zerfall der Werte.* Die Figuren sind in diese Entwicklung wie in einen Käfig eingesperrt und müssen angesichts eines fortschreitenden Verlustes der allgemeinen Werte ein angemessenes Verhalten entwickeln. Broch war natürlich von der Richtigkeit seines historischen Urteils überzeugt oder, anders ausgedrückt, er war überzeugt, daß die Möglichkeit der Welt, die er schilderte, eine verwirklichte Möglichkeit war. Doch versuchen wir einmal, uns vorzustellen, er habe sich getäuscht und parallel zu dieser Entwicklung des Zerfalls sei eine andere Entwicklung im Gang gewesen, eine positive Entwicklung, die Broch nicht gesehen habe. Hätte das den Wert der *Schlafwandler* in irgendeiner Hinsicht beeinträchtigt? Nein. Denn der Prozeß des Zerfalls der Werte ist eine unbestreitbare Möglichkeit der Menschenwelt. Daß man den in den Wirbel dieses Prozesses geworfenen Menschen, sein Tun, seine Haltung versteht, das allein ist wichtig. Broch hat einen unbekannten Bereich der Existenz entdeckt. Einen Bereich der Existenz, das will besagen: Eine Möglichkeit der Existenz. Ob diese Möglichkeit sich in Wirklichkeit verwandelt oder nicht, ist von sekundärer Bedeutung.

C.S.: Muß man also die Epoche der endzeitlichen Paradoxa, in der Ihre Romane spielen, nicht als Wirklichkeit, sondern als Möglichkeit betrachten?

M.K.: Als eine Möglichkeit Europas. Eine mögliche Vision von Europa. Eine mögliche menschliche Situation.

C.S.: Aber wenn Sie eine Möglichkeit, nicht eine Wirklichkeit zu erfassen versuchen, wie soll man dann zum Beispiel das Bild, das Sie von Prag und den Prager Ereignissen entworfen haben, ernst nehmen?

M.K.: Wenn ein Autor eine historische Situation als neue, enthüllende Möglichkeit der Menschenwelt auffaßt, wird er sie so beschreiben wollen, wie sie ist. Was nicht hindert, daß die historische Wirklichkeitstreue hinsichtlich des Wertes des Romans von sekundärer Bedeutung ist. Der Romancier ist weder Historiker noch Prophet: Er ist Erforscher der Existenz.

Dritter Teil

Notizen anläßlich der »Schlafwandler«

Komposition

Eine Trilogie, die aus drei Romanen besteht: *Pasenow oder die Romantik; Esch oder die Anarchie; Huguenau oder die Sachlichkeit.* Die Geschichte der drei Romane spielt sich jeweils fünfzehn Jahre nach der des vorhergehenden ab: 1888; 1903; 1918. Keiner dieser Romane hängt ursächlich mit den beiden andern zusammen: Jeder hat seinen eigenen Kreis von Figuren und seinen eigenen Aufbau, der sich von dem der beiden andern unterscheidet.

Zwar treten Pasenow (Protagonist des ersten Romans) und Esch (Protagonist des zweiten Romans) auch auf dem Schauplatz des dritten Romans in Erscheinung, und Bertrand (eine Figur des ersten Romans) spielt im zweiten Roman eine Rolle. Doch die Geschichte, die Bertrand im ersten Roman (mit Pasenow, Ruzena, Elisabeth) erlebt hat, kommt im zweiten Roman überhaupt nicht zur Sprache, und der Pasenow des dritten Romans hat nicht die geringste Erinnerung an seine Jugend (die im ersten Roman behandelt wurde).

Es besteht also ein radikaler Unterschied zwischen *den Schlafwandlern* und den andern großen »Fresken« des 20. Jahrhunderts (von Proust, Musil, Thomas Mann usw.): Die Einheit des ganzen beruht bei Broch weder auf der Kontinuität der Handlung noch auf der Kontinuität der Biographie (einer Figur, einer Familie), sondern auf etwas anderem, das weniger gut sichtbar, weniger greifbar ist, auf etwas Verborgenem: auf der Kontinuität des gleichen Themas (des mit dem Prozéß des Zerfalls der Werte konfrontierten Menschen).

Möglichkeiten

Welche Möglichkeiten hat der Mensch in der Falle, zu der unsere Welt geworden ist?

Die Antwort setzt voraus, daß man eine gewisse Vorstellung davon hat, was die Welt ist. Daß man darüber eine ontologische Hypothese hat.

Kafkas Welt: das bürokratisierte Universum. Das Büro nicht als soziales Phänomen unter anderen, sondern als Wesen der Welt.

Insofern besteht eine (merkwürdige, überraschende) Ähnlichkeit zwischen dem hermetischen Kafka und dem volkstümlichen Hašek. Hašek beschreibt die Armee nicht (wie ein Realist, ein Sozialkritiker es täte) als ein Milieu der österreichisch-ungarischen Gesellschaft, sondern als moderne Version der Welt. Wie Kafkas Justiz ist Hašeks Armee eine einzige unermeßliche bürokratische Institution, eine Verwaltungsarmee, in der die alten militärischen Tugenden (Mut, List, Geschicklichkeit) zu nichts mehr nütze sind.

Hašeks Militärbürokraten sind dumm; die so pedantische wie absurde Logik der Kafkaschen Beamten entbehrt gleichfalls jeder Einsicht. Bei Kafka wird die mit dem Mantel des Geheimnisses verhüllte Dummheit zu einer Art metaphysischem Gleichnis. Sie schüchtert ein. Josef K. tut alles, um aus ihren Machenschaften, aus ihren unverständlichen Worten einen Sinn herauszulesen. Denn es ist zwar schon schrecklich genug, zum Tode verurteilt zu werden, aber ganz und gar unerträglich, wegen nichts und wieder nichts, als Märtyrer des Unsinns, verurteilt zu sein. K. bekennt sich also zu seiner Schuld und sucht seinen Fehler. Im letzten Kapitel entzieht er seine beiden Henker dem Blick der Stadtpolizisten (die ihn vielleicht gerettet hätten) und macht sich einige Minuten vor seinem Tod Vorwürfe, nicht die Kraft aufgebracht zu haben, sich selbst umzubringen, um ihnen ihr schmutziges Handwerk zu ersparen.

Schwejk ist das ganze Gegenteil von K. Er ahmt die ihn umgebende Welt (die Welt der Dummheit) systematisch und so vollkommen nach, daß niemand sagen kann, ob er wirklich ein Idiot ist oder nicht. Zwar paßt er sich der herrschenden Ordnung leicht (und mit welchem Vergnügen!) an, doch nicht etwa, weil er in ihr einen Sinn sieht, sondern weil er in ihr überhaupt keinen Sinn sieht. Er amüsiert sich und amüsiert die andern und verwandelt die Welt durch Übersteigerung seines Konformismus in einen einzigen riesigen Witz.

(Wir, die wir die totalitäre, kommunistische Version der modernen Welt erlebt haben, wissen, daß diese beiden scheinbar künstlichen, literarischen, übertriebenen Haltungen nur zu wirklich sind; wir haben in einem einerseits von K.' Möglichkeit, andererseits von Schwejks Möglichkeit begrenzten Raum gelebt, und das bedeutet: in jenem Raum, dessen einer Pol Identifikation mit der Macht ist bis hin zur Solidarität des Opfers mit seinem Henker, und dessen anderer Pol das Nicht-Akzeptieren der Macht ist kraft der Weigerung, irgend etwas ernst zu nehmen; und das bedeutet: im Raum zwischen dem absolut Ernsthaften – K. – und dem absolut Unernsten – Schwejk.)

Und Broch? Welches ist seine ontologische Hypothese?

Die Welt ist der Prozeß des Zerfalls der Werte (Werte, die aus dem Mittelalter stammen), ein Prozeß, der sich über die vier Jahrhunderte der Neuzeit erstreckt und ihr Wesen ausmacht.

Welches sind die Möglichkeiten des Menschen angesichts dieses Prozesses?

Broch entdeckt drei: die Möglichkeit Pasenow, die Möglichkeit Esch, die Möglichkeit Huguenau.

Die Möglichkeit Pasenow

Joachim Pasenows Bruder ist bei einem Duell getötet worden. Der Vater sagt: »Er fiel für die Ehre.« Diese Worte prägen sich Joachims Gedächtnis für immer ein.

Aber sein Freund, Bertrand, wundert sich: Wie können im Zeitalter der Eisenbahn und der Fabriken zwei Männer einander gegenüber Aufstellung nehmen, stramm, mit ausgestrecktem Arm, den Revolver in der Hand?

Worauf Joachim sich sagt: Bertrand hat kein Ehrgefühl.

Und Bertrand fährt fort: Die Gefühle stehen gegen die Entwicklung der Zeit. Sie sind ein unzerstörbarer Fundus des Konservativismus. Ein atavistischer Rest.

Die gefühlsmäßige Bindung an die überkommenen Werte, an ihren atavistischen Rest, ist Joachim Pasenows Haltung.

Pasenow wird durch das Motiv der Uniform eingeführt. Einst, erklärt der Erzähler, thronte die Kirche als Höchster Richter über den Menschen. Die Tracht des Klerikers war Zeichen überirdischer Macht, während die Uniform des Offiziers und die Amtstracht des Beamten das Profane repräsentierten. In dem Maße, wie der magische Einfluß der Kirche abnahm, ersetzte die Uniform das priesterliche Gewand und erklomm so die Ebene des Absoluten.

Die Uniform wählen wir nicht, sie wird uns zugeteilt; sie ist die Gewißheit des Universalen angesichts der Unsicherheit des Individuellen. Wenn die einst so unangefochtenen Werte in Frage gestellt werden und verschämt in die Ferne rücken, knöpft sich derjenige, der ohne sie nicht leben kann (ohne Treue, ohne Familie, ohne Vaterland, ohne Disziplin, ohne Liebe) bis zum obersten Knopf in die Universalität seiner Uniform ein, als ob diese Uniform noch die letzte Spur der Transzendenz sei, die ihn vor der Kälte der Zukunft schützen könnte, wo er nichts mehr zu respektieren hat.

Pasenows Geschichte erfährt ihren Höhepunkt in seiner Hochzeitsnacht. Seine Frau, Elisabeth, liebt ihn nicht. Er sieht nichts vor sich außer der Zukunft der Nicht-Liebe. Er streckt sich neben ihr aus, ohne sich auszuziehen: »Sein Uniformrock war durch die Lage ein wenig in Unordnung geraten, die auseinandergefallenen Schöße ließen das schwarze Beinkleid sehen, und als Joachim das bemerkte, brachte er es eilig wieder in Ordnung und deckte die Stelle. Er hatte nun auch die Beine heraufgezogen und um mit seinen Lackschuhen das Linnen nicht zu berühren, hielt er die Füße ein wenig angestrengt auf dem Stuhl, der neben dem Bette stand.«

Die Möglichkeit Esch

Die überkommenen Werte aus der Zeit, in der die Kirche den Menschen vollkommen beherrschte, waren schon lange erschüttert, aber für Pasenow war ihr Inhalt noch klar. Er zweifelte nicht daran, was sein Vaterland war, er wußte, wem er treu zu sein hatte und wer sein Gott war.

Vor Esch verhüllen die Werte ihr Gesicht. Ordnung, Treue, Opfer, diese Worte sind ihm teuer, aber was besagen sie eigentlich? Welcher Sache soll man sich opfern? Welche Ordnung soll man verlangen? Das weiß er nicht.

Was bleibt von einem Wert übrig, der seinen konkreten Inhalt verloren hat? Nichts als eine leere Form; ein Imperativ ohne Antwort, der aber um so leidenschaftlicher um Gehör nachsucht und Gehorsam verlangt. Je weniger Esch weiß, was er will, desto leidenschaftlicher will er es.

Esch: Der Fanatismus der Epoche ohne Gott. Da alle Werte verhüllt sind, kann alles als Wert betrachtet werden. Einmal sucht er Recht und Ordnung im Gewerkschaftskampf, dann in der Religion, darauf bei der Polizei, schließlich in einem verklärten Bild Amerikas, dem seine Auswanderungsträume gelten. Er könnte Terrorist sein, aber auch ein Terrorist, der bereut und seine Gefährten denunziert, aktives Parteimitglied, Mitglied einer Sekte, aber auch ein Kamikaze, der bereit ist, sein Leben zu opfern. Alle Leidenschaften, die in der blutigen Geschichte unseres Jahrhunderts wüten, sind in seinem bescheidenen Abenteuer enthalten und werden entlarvt, diagnostiziert und schrecklich ins Licht gerückt.

Er ist unzufrieden in seinem Büro, zettelt Streit an und wird hinausgeworfen. So beginnt seine Geschichte. Ursache aller Unordnung, die ihn irritiert, ist ihm zufolge ein gewisser Nentwig, ein Buchhalter. Weiß Gott warum gerade der. Was nicht hindert, daß Esch entschlossen ist, ihn bei der Polizei zu denunzieren. Ist es nicht seine Pflicht? Muß er nicht all denen, die wie er Recht und Ordnung fordern, diesen Dienst erweisen?

Aber eines Tages bittet ihn der nichtsahnende Nentwig in einem Kabarett liebenswürdig an seinen Tisch und lädt ihn zu einem Glas ein. Esch, fassungslos, versucht nach Kräften, sich Nentwigs Vergehen ins Gedächtnis zu rufen, aber dieses Vergehen »war so seltsam unfaßbar und konturlos geworden, daß Esch sich der Sinnlosigkeit seines Vorhabens sofort bewußt wurde, und etwas ungeschickt und beschämt griff er nach seinem Weinglas«.

Die Welt ist für Esch in ein Reich des Guten und ein Reich des Bösen unterteilt, aber ach, sowohl das Gute wie das Böse sind gleicherweise nicht zu identifizieren (es genügt schon, Nentwig zu begegnen, und man weiß nicht mehr, wer gut und wer böse ist). Auf diesem Maskenball, der die Welt ist, trägt allein Bertrand bis zum Schluß das Stigma des Bösen auf seinem Antlitz, denn sein Vergehen steht außer Zweifel: Er ist homosexuell, er stört die göttliche Ordnung. Zu Beginn des Romans ist Esch bereit,

Nentwig zu denunzieren, am Schluß wirft er eine schriftliche Denunziation Bertrands in den Briefkasten.

Die Möglichkeit Huguenau

Esch hat Bertrand denunziert. Huguenau denunziert Esch. Esch wollte damit die Welt erretten. Huguenau will damit seine Karriere retten.

Huguenau, ein unschuldiger Streber, fühlt sich in der Welt ohne verbindliche Werte wunderbar wohl. Das Nichtvorhandensein moralischer Imperative ist für ihn Freiheit, Befreiung.

Es ist zutiefst bedeutsam, daß gerade er Esch ermordet, übrigens ohne das geringste Schuldgefühl. Denn »immer ist es so, daß der Mensch des kleineren Wertverbandes den Menschen des sich auflösenden größeren Verbandes vernichtet, immer übernimmt er, der Unglücklichste, die Rolle des Henkers im Prozeß des Wertzerfalls, und an dem Tage, an dem die Fanfaren des Gerichtes ertönen, dann ist es der wertfreie Mensch, der zum Henker einer Welt wird, die sich selbst gerichtet hat.«

Die Neuzeit ist Broch zufolge die Brücke zwischen der Herrschaft irrationalen Glaubens und der Herrschaft des Irrationalen in einer Welt ohne Glauben. Der Mensch, dessen Silhouette sich am Ende dieser Brücke abzeichnet, ist Huguenau. Glücklicher Mörder, nicht zu beschuldigen. Das Ende der Neuzeit in seiner euphorischen Version.

K., Schwejk, Pasenow, Esch, Huguenau: fünf grundsätzliche Möglichkeiten, fünf Orientierungspunkte, ohne die es mir unmöglich erscheint, die existentielle Karte unserer Zeit zu entwerfen.

Unter der Himmelswölbung der Jahrhunderte

Die Planeten, die sich am Himmel der Neuzeit drehen, spiegeln sich, immer in einer spezifischen Konstellation, in der Seele eines Individuums; durch diese Konstellation wird die Situation einer Figur, der Sinn ihres Seins definiert.

Broch spricht von Esch und vergleicht ihn plötzlich mit Luther. Beide gehören zur Kategorie der Rebellen (was Broch lange analysiert). Esch ist ein Rebell, wie Luther einer war. Für gewöhnlich sucht man die Wurzeln einer Persönlichkeit in ihrer Kindheit. Die Wurzeln Eschs liegen in einem anderen Jahrhundert. Wir wissen nichts über seine Kindheit. Eschs Vergangenheit ist Luther.

Um Pasenow, diesen Mann in Uniform, zu erfassen, mußte ihn Broch in den langen historischen Prozeß einbauen, der das priesterliche Gewand durch die profane Uniform ersetzt; und mit einemmal leuchtete da über diesem armseligen Offizier die Himmelswölbung der Neuzeit in ihrer ganzen Dimension auf.

Bei Broch ist die Figur nicht als unnachahmliche, flüchtige Einmaligkeit, nicht als wundersame Sekunde, deren Vergänglichkeit feststeht, konzipiert, sondern als solide Brücke über die Zeit hinweg, auf der Luther und Esch, Vergangenheit und Gegenwart, einander begegnen.

Mir scheint, daß Broch in den *Schlafwandlern* nicht so sehr durch seine Geschichtsphilosophie, sondern vielmehr durch diese neue Art, den Menschen zu sehen (ihn zu sehen unter der Himmelswölbung der Jahrhunderte), die zukünftigen Möglichkeiten des Romans andeutet.

In dieser Brochschen Beleuchtung lese ich Thomas Manns *Doktor Faustus*, einen Roman, der sich nicht nur mit dem Leben eines Tonsetzers namens Adrian Leverkühn beschäftigt, sondern auch mit mehreren Jahrhunderten deutscher Musik. Leverkühn ist nicht nur Tonsetzer, er ist der Tonsetzer, der die Geschichte der Musik zu Ende führt (seine wichtigste Komposition heißt *Apocalipsis*). Und er ist nicht nur der letzte Komponist (der die *Apocalipsis* geschrieben hat), er ist auch Faust. Thomas Mann denkt angesichts der Diabolik seiner Nation (er schreibt diesen Roman gegen Ende des Zweiten Weltkrieges) an den Vertrag, den diese mythische Gestalt, diese Verkörperung des deutschen Geistes, mit dem Teufel geschlossen hatte. Die ganze Geschichte seines Landes steilt sich jäh auf zum einzigen Abenteuer einer einzigen Figur: eines Faust.

In Brochscher Beleuchtung lese ich auch *Terra Nostra* von Carlos Fuentes, wo das ganze große spanische Abenteuer (das europäische und das amerikanische) in einer unglaublichen teleskopischen Aufnahme, in einer unglaublichen, traumartigen Entstellung erfaßt wird. Brochs Prinzip *Esch ist wie Luther* hat sich bei Fuentes in ein radikaleres Prinzip verwandelt: *Esch ist Luther.* Fuentes liefert uns den Schlüssel zu seiner Methode: »Man braucht mehrere Leben, um eine einzige Figur zu erschaffen.« Der alte Mythos der Reinkarnation materialisiert sich in einer Romantechnik, die aus *Terra Nostra* einen riesigen, seltsamen Traum macht, in dem von den gleichen Figuren, die ununterbrochen reinkarniert werden, Geschichte gemacht und erlebt wird. Der gleiche Ludovico, der in Mexiko einen bislang unbekannten Kontinent entdeckt hat, befindet sich ein paar Jahrhunderte später in Paris, mit der gleichen Célestine, die zwei Jahrhunderte zuvor die Mätresse Philipps des Zweiten war. Et cetera.

Im Augenblick des Endes (einer Liebe, eines Lebens, einer Epoche) entpuppt sich die verstrichene Zeit plötzlich als ein Ganzes und nimmt leuchtend klare, vollendete Formen an. Der Augenblick des Endes ist für Broch Huguenau, für Thomas Mann Hitler. Für Fuentes ist es die mythische Grenzscheide zwischen zwei Jahrtausenden; von diesem imaginären Observatorium aus erscheint die Geschichte, diese europäische Anomalie, dieser Fleck auf der Reinheit der Zeit als bereits abgeschlossen, aufgegeben, verlassen und von vornherein so bescheiden, so rührend wie eine kleine individuelle Geschichte, die man demnächst vergißt.

In der Tat, wenn Luther Esch ist, ist die Geschichte, die von Luther zu Esch führt, nur die Biographie einer Einzelperson: Martin Luther-Esch. Und die ganze Geschichte ist nur die Geschichte einiger Figuren (eines Faust, eines Don Juan, eines Don Quijote, eines Rastignac, eines Esch), die zusammen durch die europäischen Jahrhunderte gegangen sind.

Jenseits der Kausalität

Auf Levins Anwesen treffen sich ein Mann und eine Frau, zwei einsame, melancholische Menschen. Sie finden Gefallen aneinander und wünschen insgeheim, ihr Leben zu vereinen. Sie warten nur auf die Gelegenheit, einen Augenblick allein zu sein, um es sich zu sagen. Eines Tages sind sie endlich allein in einem Wald beim Pilzesuchen. Sie schweigen verwirrt, weil sie wissen, daß der Augenblick gekommen ist und daß man ihn nicht vorübergehen lassen darf. Die Stille dauert schon lange, da beginnt die Frau plötzlich »gegen ihren Willen, unerwartet« von Pilzen zu sprechen. Dann herrscht wieder Schweigen, der Mann sucht nach Worten, um sich zu erklären, aber statt von Liebe zu sprechen, spricht er »aus einem unvermuteten Antrieb heraus« . . . gleichfalls von Pilzen. Auf dem Rückweg sprechen sie immer noch von Pilzen, ohnmächtig und verzweifelt, denn sie wissen jetzt, daß sie nie, nie miteinander über die Liebe sprechen werden.

Zuhause sagt sich der Mann, er habe seiner verstorbenen Frau wegen nicht von Liebe gesprochen; er habe die Erinnerung an sie nicht verraten können. Doch wir wissen: Das ist ein vorgeschobener Grund, den er nur geltend macht, um sich zu trösten. Sich zu trösten? Ja. Denn man findet sich damit ab, eine Liebe zu verlieren, wenn ein bestimmter Grund vorliegt. Aber man würde sich nie verzeihen, sie grundlos verloren zu haben.

Diese sehr schöne kleine Episode ist eine Art Gleichnis für eine der größten Leistungen in *Anna Karenina*: das Herausstellen des nicht-kausalen, unberechenbaren oder geheimnisvollen Aspektes einer menschlichen Tat.

Was ist eine Tat? Die ewige Frage des Romans, seine gewissermaßen grundlegende Frage. Wie kommt es zu einer Entscheidung? Wie verwandelt sie sich in die Tat, und wie reihen sich die Taten aneinander, um Abenteuer zu werden?

Die ersten Romanciers versuchten einen klaren, rationalen Faden aus dem fremden, chaotischen Stoff des Lebens herauszulösen; ihrer Optik zufolge ist die Tat auf einen rational faßbaren Antrieb zurückzuführen, und diese Tat ruft wieder eine andere hervor. Das Abenteuer ist eine einleuchtende, kausale Aneinanderreihung von Taten.

Werther liebt die Frau seines Freundes. Er kann den Freund nicht hintergehen, er kann auf seine Liebe nicht verzichten, also bringt er sich um. Ein Selbstmord von der Transparenz einer mathematischen Gleichung.

Aber warum begeht Anna Karenina Selbstmord?

Der Mann, der statt von Liebe von Pilzen gesprochen hat, redet sich ein, daß dies infolge seiner Bindung an seine verstorbene Frau geschah. Die Gründe, die wir für Annas Tat finden können, hätten die gleiche Wertigkeit. Zwar bezeugten ihr die Leute ihre Verachtung, aber hätte sie nicht ihrerseits auch die Leute verachten können? Man hindert sie, ihren Sohn zu besuchen, doch war das eine unwiderrufliche, ausweglose Situation? Wronski war zwar schon ein wenig ernüchtert, aber liebte er sie nicht trotzdem noch immer?

Übrigens kommt Anna nicht auf den Bahnhof, um sich umzubringen. Sie sucht Wronski. Sie stürzt sich unter den Zug, ohne diesen Entschluß vorher gefaßt zu haben. Eher hat der Entschluß Anna gefaßt. Unvermutet er-faßt. Wie der Mann, der von den Pilzen sprach, handelt Anna »aus einem unvermuteten Antrieb heraus«. Was nicht bedeutet, daß ihre Handlung sinnlos ist. Nur befindet sich dieser Sinn jenseits der rational faßbaren Kausalität. Tolstoi mußte (zum ersten Mal in der Geschichte des Romans) einen fast Joyceschen inneren Monolog verwenden, um das feine Gewebe flüchtiger Impulse, jäher Empfindungen, fragmentarischer Überlegungen darstellen zu können, um uns die allmähliche Annäherung an den Selbstmord in Annas Seele vor Augen zu führen.

Bei Anna sind wir weit von Werther entfernt, weit auch von Kirilow. Dieser bringt sich um, weil ganz klar definierte Interessen, eingehend beschriebene Intrigen ihn dazu treiben. Sein Handeln, selbst wenn es Wahnsinn ist, ist rational, bewußt, überlegt; es geschieht mit Vorbedacht. Kirilows Charakter ist völlig von seiner seltsamen Philosophie des Selbstmordes geprägt, und seine Handlung ist nur die ganz und gar logische Verlängerung seiner Gedanken.

Dostojewski erfaßt den Wahnsinn der Vernunft, die in ihrer Verbohrtheit bis zum Ende ihrer Logik gehen will. Tolstois Forschungsgebiet ist das ganze Gegenteil: Er enthüllt die Einbrüche des Unlogischen, des Irrationalen. Deshalb habe ich ihn hier erwähnt. Durch die Bezugnahme auf Tolstoi steht Broch im Kontext einer der großen

Entdeckungen des europäischen Romans: im Kontext der Entdeckung der Rolle, die das Irrationale in unseren Entscheidungen, in unserem Leben spielt.

Die Verschmelzungen

Pasenow unterhält Beziehungen zu einer tschechischen Dirne namens Ruzena, aber seine Eltern leiten seine standesgemäße Heirat mit einem jungen Mädchen in die Wege: Elisabeth. Pasenow liebt sie überhaupt nicht, trotzdem findet er sie anziehend. Was ihn anzieht, ist im Grunde nicht sie selbst, sondern all das, was sie für ihn *repräsentiert*.

Als er sie zum ersten Mal besucht, strahlen die Straßen, die Gärten, die Häuser des Viertels, in dem sie wohnt, »große und insulare Sicherheit aus«; Elisabeths Haus empfängt ihn in einer glücklichen Atmosphäre »der Sicherheit und der Sanftheit, von Freundschaft erfüllt, bis Liebe die Freundschaft ablöst und die Liebe wieder in Freundschaft verklingt«. Der Wert, nach dem Pasenow sich sehnt (die freundschaftliche Sicherheit einer Familie) tritt für ihn in Erscheinung, bevor er diejenige, die (unwissentlich und entgegen ihrer Natur) Trägerin dieses Wertes werden soll, überhaupt sieht.

Er sitzt in der Kirche und erinnert sich mit geschlossenen Augen, wie er schon als Kind in der Kirche des Dorfes, wo er geboren wurde, vor einem Bild der Heiligen Familie auf einer silbrigen Wolke mit der unsäglich schönen Jungfrau Maria in der Mitte ins Schwärmen geriet. Er liebte damals eine polnische Köchin auf dem Landgut seines Vaters und verschmolz sie mit der Jungfrau Maria, wobei er sich vorstellte, er ruhe im Schoß, im schönen Schoß der zur Bediensteten gewordenen Jungfrau Maria. Und heute sieht er, mit geschlossenen Augen, die Jungfrau aufs neue und stellt plötzlich fest, daß sie blondes Haar hat! Ja, Maria hat Elisabeths Haar! Das überrascht ihn, das beeindruckt ihn! Ihm ist, als ob Gott selbst ihm mittels dieser Träumerei bedeuten wolle, diese Frau, die er nicht liebt, sei im Grunde seine wahre und einzige Liebe.

Die irrationale Logik beruht auf dem Mechanismus der Verschmelzung: Pasenow hat wenig Sinn für die Wirklichkeit; die Ursache von Ereignissen entgeht ihm; er wird nie wissen, was sich hinter dem Blick der andern verbirgt; trotzdem bleibt die äußere Welt, selbst wenn sie vermummt, unkenntlich, nicht-kausal ist, für ihn nicht stumm: Sie spricht zu ihm. Es ist wie in Baudelaires berühmtem Gedicht, wo »langer Hall und Widerhall . . . schmelzen«, wo »Düfte, Farben und Töne einander antworten«: ein Gegenstand nähert sich dem andern an, verschmilzt mit ihm (Elisabeth verschmilzt mit der Jungfrau Maria) und erklärt sich durch diese Annäherung.

Esch ist Liebhaber des Absoluten. »Man kann nur einmal lieben« ist seine Devise, und weil Mutter Hentjen ihn liebt, hatte sie (Eschs Logik zufolge) ihren ersten, verstorbenen Mann nicht lieben können. Dieser hat sie also mißbraucht und muß zwangsläufig ein Schurke gewesen sein. Ein Schurke wie Bertrand. Denn die Vertreter des Bösen sind austauschbar. Sie verschmelzen. Sie sind nur verschiedene Erscheinungsformen der gleichen Wesen. Im Augenblick, wo Esch flüchtig auf Herrn Hentjens Porträt an der Wand blickt, kommt ihm plötzlich der Gedanke: sofort zur Polizei gehen und Bertrand denunzieren. Denn wenn Esch Bertrand schlägt, trifft er gleichsam den ersten Mann von Frau Hentjen, befreit er gleichsam uns, uns alle von einem kleinen Teil des allgemeinen Bösen.

Die Wälder von Symbolen

Man muß *Die Schlafwandler* aufmerksam und langsam lesen, bei den so unlogischen wie verständlichen Handlungen verweilen, damit man eine versteckte, unterirdische *Ordnung* wahrnimmt, auf der die Entscheidungen eines Pasenow, einer Ruzena und eines Esch beruhen. Diese Figuren sind nicht in der Lage, der Wirklichkeit als einer konkreten Sache gegenüberzutreten. Vor ihren Augen verwandelt sich alles in Symbole (Elisabeth in ein Symbol familiärer Geborgenheit, Bertrand in ein Symbol der Hölle), und wenn sie glauben, auf die Wirklichkeit zu reagieren, reagieren sie auf Symbole.

Broch zeigt uns, daß allem individuellen oder kollektiven Verhalten das System der Verschmelzung, das System des *symbolischen Denkens* zugrunde liegt. Man braucht nur sein eigenes Leben zu prüfen, um einzusehen, in welchem Maße dieses irrationale System unsere Haltung beeinflußt, nämlich weit mehr als eine vernünftige Überlegung: Dieser Mensch, der mich wegen seiner Begeisterung für Aquariumfische an einen andern erinnert, der mir früher einmal etwas Schreckliches angetan hat, wird in mir immer unüberwindliches Mißtrauen wachrufen . . .

Das politische Leben wird gleichfalls von diesem irrationalen System beherrscht: Das kommunistische Rußland hat mit dem letzten Weltkrieg gleichzeitig den Krieg der Symbole gewonnen: Es ist ihm gelungen, der ungeheuren Armee von Eschs, die nach Werten begierig sind und unfähig, sie zu erkennen, wenigstens für ein halbes Jahrhundert die Symbole von Gut und Böse zu präsentieren. Deshalb wird im europäischen Bewußtsein der Gulag nie den Platz des Nazismus einnehmen können in seiner Eigenschaft als Symbol des absolut Bösen. Deshalb wird massiv und spontan gegen den Vietnamkrieg, aber nicht gegen den Krieg in Afghanistan demonstriert. Vietnam, Kolonialismus, Rassismus, Imperialismus, Faschismus, Nazismus, alle diese Begriffe antworten einander wie die Farben und Töne in Baudelaires Gedicht, während der Krieg in Afghanistan gewissermaßen *stumm ist in symbolischer Hinsicht*, auf jeden Fall jenseits des magischen Kreises des absolut Bösen, dieses Geysirs der Symbole.

Ich denke auch an die täglichen Hekatomben auf den Straßen, an diesen Tod, der so schrecklich wie banal und weder mit Krebs noch mit AIDS vergleichbar ist, weil er nicht Werk der Natur, sondern Menschenwerk ist, also ein gewissermaßen freiwilliger Tod. Warum sind wir dadurch nicht wie vor den Kopf geschlagen, warum bringt ein solcher Tod unser Leben nicht durcheinander, warum treibt er uns nicht zu umfassenden Reformen an? Nein, wir sind nicht wie vor den Kopf geschlagen, denn wir haben wie Pasenow wenig Sinn für die Wirklichkeit, und dieser unter der Maske eines schönen Wagens verheimlichte Tod verkörpert in der überwirklichen Sphäre der Symbole eigentlich das Leben; er verschmilzt lächelnd mit der Modernität, der Freiheit, dem Abenteuer, wie Elisabeth mit der Jungfrau Maria verschmolz. Der Tod der zum Tode Verurteilten zieht unsere Aufmerksamkeit viel stärker auf sich und weckt Leidenschaften, obwohl er unendlich viel seltener ist: Da er mit der Vorstellung des Henkers verschmilzt, ist er symbolisch weitaus stärker aufgeladen, ist er weitaus finsterer und empörender. Et cetera.

Der Mensch ist ein in den »Wäldern von Symbolen« verirrtes Kind – um noch einmal Baudelaires Gedicht zu zitieren.

(Kriterium der Reife: die Fähigkeit, den Symbolen Widerstand zu leisten. Aber die Menschheit wird immer jünger.)

Polyhistorismus

Broch lehnt die Ästhetik des »psychologischen« Romans mehrfach ab und setzt den, wie er es nennt, »gnoseologischen« oder »polyhistorischen« Roman dagegen. Ich finde, daß besonders der zweite Ausdruck unglücklich gewählt und irreführend ist. Brochs Landsmann Adalbert Stifter hat dagegen mit seinem Roman *Der Nachsommer* im Jahre 1857 (ja, im großen Jahr von *Madame Bovary*) einen »polyhistorischen Roman« im genauen Wortsinn geschaffen. Für mich ist er fast unlesbar: Wir erfahren zwar viel über Geologie, Botanik, Zoologie, über alle möglichen Handwerke, über die Malerei und die Architektur, aber der Mensch und die menschlichen Situationen bleiben ganz am Rande dieser gigantischen, belehrenden Enzyklopädie. Gerade wegen seines »Polyhistorismus« hat dieser Roman das Spezifische des Romans vollkommen verfehlt.

Das ist bei Broch nicht der Fall. Er verfolgt, was »nur der Roman entdecken kann«. Aber er weiß, daß die konventionelle Form (die ausschließlich auf dem Abenteuer einer Figur beruht und sich mit der bloßen Wiedergabe dieses Abenteuers begnügt) den Roman beschränkt, seine kognitiven Möglichkeiten reduziert. Er weiß auch, daß der Roman über eine außerordentliche Integrationsfähigkeit verfügt: Während die Poesie und die Philosophie nicht in der Lage sind, den Roman zu integrieren, vermag der Roman sowohl die Poesie als auch die Philosophie zu integrieren, ohne dabei seine Identität in irgendeiner Hinsicht einzubüßen, weil diese (man braucht nur an Rabelais und Cervantes zu denken) gerade durch die Tendenz charakterisiert werden kann, sich andere Literaturgattungen einzuverleiben und philosophische und naturwissenschaftliche Erkenntnisse aufzusaugen. Aus Brochs Sicht bedeutet das Wort »polyhistorisch«: Alle intellektuellen Mittel und alle poetischen Formen aufbieten, um zu beleuchten, was »nur der Roman entdecken kann«: das Sein des Menschen.

Das ist natürlich mit einer grundlegenden Transformation der Romanform verbunden.

Das Unvollbrachte

Ich erlaube mir, sehr persönlich zu werden: Der letzte Roman der *Schlafwandler* (Huguenau oder die Sachlichkeit), der die Tendenz zur Synthese und die Verwandlung der Form am weitesten treibt, ruft in mir außer bewundernder Freude auch ein gewisses Gefühl des Unbefriedigtseins wach:

– die »polyhistorische« Absicht macht eine elliptische Technik erforderlich, zu der Broch noch nicht gefunden hat; die architektonische Klarheit leidet darunter;

– die verschiedenen Elemente (Verse, Erzählung, Aphorismen, Reportage, Essay) werden eher aneinandergereiht als zu einer echten »polyphonischen« Einheit zusammengeschweißt;

– der exzellente Essay über den Zerfall der Werte kann, obwohl er als ein von einer Figur geschriebener Text präsentiert wird, leicht als Darlegung des Autors, als Wahrheit des Romans, als seine Zusammenfassung, seine These verstanden werden und dadurch die für den romanesken Raum unabdingbare Relativität beeinträchtigen.

Alle großen Werke enthalten (gerade weil sie groß sind) auch etwas Unvollbrachtes. Broch inspiriert uns nicht nur durch all das, was er erfolgreich ausgeführt, sondern auch durch das, was er anvisiert, aber nicht erreicht hat. Das Unvollbrachte in seinem Werk ist ein Hinweis: 1. auf die Notwendigkeit einer neuen Kunst der *radikalen Knappheit* (mit der die Komplexität der Existenz in der modernen Welt erfaßt werden kann, ohne daß dabei die architektonische Klarheit verlorengeht); 2. auf die Notwendigkeit einer neuen *kontrapunktischen Kunst* des Romans (bei der Philosophie, Erzählung und Traum zu einer einzigen Musik verschmelzen); 3. auf die Notwendigkeit einer Kunst des *spezifisch romanesken Essays* (das heißt, eines Essays, der nicht den Anspruch erhebt, eine apodiktische Botschaft zu verkünden, sondern hypothetisch, spielerisch oder ironisch bleibt).

Die Modernismen

Von den großen Romanciers unseres Jahrhunderts ist Broch vielleicht der am wenigsten bekannte. Das ist einleuchtend. Kaum hat er *Die Schlafwandler* vollendet, kommt Hitler an die Macht, und das deutsche Kulturleben ist vernichtet; fünf Jahre später verläßt er Österreich und geht nach Amerika, wo er bis zu seinem Tode bleibt. Unter diesen Bedingungen kann sein Werk, das sein natürliches Publikum, das den Kontakt mit dem normalen literarischen Leben verloren hat, seine Rolle in seiner Zeit nicht mehr spielen: eine Gemeinschaft von Lesern, Anhängern und Kennern um sich zu versammeln, eine Schule zu bilden, andere Schriftsteller zu beeinflussen. Wie Musils und Gombrowiczs Werk wurde es mit großer Verspätung (und nach dem Tod des Autors) von denen entdeckt (wiederentdeckt), die wie Broch selbst von der Leidenschaft für die neue Form besessen waren oder, anders ausgedrückt, eine »modernistische« Ausrichtung hatten. Doch ihr Modernismus war nicht derjenige Brochs. Nicht weil er später war und weiter fortgeschritten; er hatte andere Wurzeln, war anders in seiner Haltung hinsichtlich der modernen

Welt, anders in seiner Ästhetik. Dieser Unterschied hat eine gewisse Ratlosigkeit hervorgerufen: Broch wurde (wie Musil und Gombrowicz) als großer Neuerer eingestuft, entsprach aber dem landläufigen, konventionellen Bild des Modernismus nicht (denn in der zweiten Hälfte unseres Jahrhunderts muß man mit dem Modernismus der kodifizierten Normen, dem universitären, sozusagen beamteten Modernismus rechnen).

Dieser verbeamtete Modernismus fordert zum Beispiel die Zerstörung der Romanform. Aus Brochs Sicht sind die Möglichkeiten der Romanform noch lange nicht erschöpft.

Der verbeamtete Modernismus will, daß der Roman sich des Kunstgriffs der Figur entledigt, der ihm zufolge letztlich nur eine Maske ist, die das Gesicht des Autors unnützerweise verhüllt. In Brochs Figuren ist das Ich des Autors unauffindbar.

Der verbeamtete Modernismus hat den Begriff der Totalität abgeschafft, gerade dieses Wort, das Broch gern verwendet, um auszudrücken: In der Epoche exzessiver Arbeitsteilung, hemmungsloser Spezialisierung ist der Roman eine der letzten Positionen, in der der Mensch seine Beziehungen zum Leben in seiner Gesamtheit bewahren kann.

Dem verbeamteten Modernismus zufolge ist der »moderne« Roman vom »traditionellen« Roman durch eine unüberschreitbare Grenze getrennt (wobei dieser »traditionelle« Roman der Korb ist, in den man alle Phasen des Romans über vier Jahrhunderte hinweg durcheinander hineinwirft). Aus Brochs Perspektive setzt der moderne Roman die gleiche Suche fort, an der alle großen Romanciers seit Cervantes teilgehabt haben.

Hinter dem verbeamteten Modernismus wird ein naiver Rest eschatologischen Glaubens sichtbar: Eine Geschichte endet, und eine andere (bessere), die auf vollkommen neuer Grundlage beruht, nimmt ihren Anfang. Broch hat das melancholische Bewußtsein einer Geschichte, die ihr Ende nimmt in einer Zeit, die der Entwicklung der Kunst und insbesondere des Romans zutiefst feindlich sind.

Vierter Teil

Gespräch über die Kunst
der Komposition

C. S.: Ich möchte dieses Gespräch mit einem Zitat aus Ihrem Text über Hermann Broch einleiten: Sie sagen: »Alle großen Werke enthalten (gerade weil sie groß sind) auch etwas Unvollbrachtes. Broch inspiriert uns nicht nur durch all das, was er erfolgreich ausgeführt, sondern auch durch das, was er anvisiert, aber nicht erreicht hat. Das Unvollbrachte in seinem Werk ist ein Hinweis: 1. auf die Notwendigkeit einer neuen Kunst der *radikalen Knappheit* (mit der die Komplexität der Existenz in der modernen Welt erfaßt werden kann, ohne daß dabei die architektonische Klarheit verlorengeht); 2. auf die Notwendigkeit einer neuen *kontrapunktischen Kunst* des Romans (bei der Philosophie, Erzählung und Traum zu einer einzigen Musik verschmelzen); 3. auf die Notwendigkeit einer Kunst des *spezifisch romanesken Essays* (das heißt, eines Essays, der nicht den Anspruch erhebt, eine apodiktische Botschaft zu verkünden, sondern hypothetisch, spielerisch oder ironisch bleibt).« Mir scheint, in diesen drei Punkten ist Ihr künstlerisches Programm enthalten. Fangen wir mit dem ersten an: Die radikale Knappheit.

M. K.: Um die Komplexität der Existenz in der modernen Welt zu erfassen, ist meiner Meinung nach eine elliptische Technik erforderlich, eine Technik der Verdichtung. Sonst gerät man in die Falle endloser Länge. *Der Mann ohne Eigenschaften* gehört zu den zwei, drei Romanen, die mir am allerliebsten sind. Das heißt aber nicht, daß ich seinen immensen Umfang und die Tatsache, daß das Buch unvollendet ist, bewundere. Stellen Sie sich ein Schloß vor, das so riesig ist, daß man es nicht überschauen kann. Stellen

Sie sich ein Quartett vor, das neun Stunden dauert. Es gibt anthropologische Grenzen, die man nicht überschreiten darf, zum Beispiel Grenzen des Gedächtnisses. Am Ende einer Lektüre muß man noch in der Lage sein, sich an den Anfang zu erinnern. Sonst wird der Roman formlos, die »architektonische Klarheit« verschwimmt.

C. S.: *Das Buch vom Lachen und vom Vergessen* besteht aus sieben Teilen. Wenn Sie sie weniger elliptisch behandelt hätten, wären sieben verschiedene, lange Romane daraus entstanden.

M. K.: Aber wenn ich sieben voneinander unabhängige Romane geschrieben hätte, wäre es mir kaum möglich gewesen darauf zu hoffen, »die Komplexität der Existenz in der modernen Welt« in einem einzigen Buch zu erfassen. Ich halte die Kunst der Ellipse für absolut notwendig. Sie erfordert, daß man immer direkt aufs Zentrum der Dinge lossteuert. Hier denke ich an den Komponisten, den ich seit meiner Kindheit leidenschaftlich bewundere: Leoš Janáček. Er ist einer der ganz Großen der modernen Musik. In einer Zeit, wo Schönberg und Strawinsky noch Kompositionen für großes Orchester schreiben, ist er sich bereits darüber im klaren, daß eine Partitur für Orchester unter der Bürde unnützer Noten leidet. Mit diesem Willen zur Knappheit hat seine Revolte begonnen. Bekanntlich ist bei musikalischen Kompositionen viel Technik im Spiel: die Exposition eines Themas, die Entwicklung, die Variationen, die oft sehr mechanisierte polyphonische Verarbeitung, die Füllsel der Instrumentierung, die Überleitungen, usw. Heute kann man mit Computern Musik machen, doch der Computer hat im Kopf der Komponisten schon immer existiert: Sie konnten notfalls eine Sonate ohne eine einzige originale Idee schreiben, indem sie einfach »kybernetisch« die Regeln des Komponierens entwickelten. Janáčeks Imperativ war: Zerstört den »Computer«!

Statt Überleitungen eine brutale Aneinanderreihung, statt Variationen die Wiederholung, und immer ins Zentrum der Dinge vorstoßen: Nur der Ton, der etwas Wesentliches ausdrückt, hat eine Existenzberechtigung. Mit dem Roman ist es ganz ähnlich: Auch er ist durch die »Technik«, durch die Konventionen, die anstelle des Autors arbeiten, belastet: die Entwicklung einer Figur, die Beschreibung eines Milieus, die Einführung von Handlung in einer historischen Situation, die Aufbereitung der Lebenszeit der Figuren mit unnützen Episoden; jeder Wechsel des Schauplatzes erfordert neue Expositionen, Beschreibungen, Erklärungen. Mein Imperativ ist »à la Janáček«: Der Roman muß vom Automatismus der Romantechnik, vom romanesken Verbalismus befreit, er muß dicht werden.

C. S.: Sie sprechen an zweiter Stelle von der »neuen kontrapunktischen Kunst des Romans«. Bei Broch befriedigt Sie das nicht ganz.

M. K.: Nehmen Sie den letzten Roman der *Schlafwandler*. Er ist aus fünf Elementen komponiert, aus fünf mit Absicht heterogenen »Strängen«: 1. aus der *Romanhandlung*, die auf den drei Hauptfiguren der Trilogie beruht: Pasenow, Esch, Huguenau; 2. aus der *intimistischen Novelle* über Hanna Wendling; 3. aus der *Reportage* über ein Militärkrankenhaus; 4. aus der *poetischen Erzählung* (teilweise in Versen) über ein junges Heilsarmeemädchen; 5. aus dem (in wissenschaftlicher Sprache abgefaßten) *philosophischen Essay* über den Zerfall der Werte. Jeder dieser fünf Stränge ist als solcher glänzend. Indessen bilden sie, obwohl sie simultan, in fortwährendem Wechsel, behandelt werden (das heißt, in deutlich »polyphonischer« Absicht), kein unteilbares Ganzes; oder, anders ausgedrückt, die polyphonische Absicht bleibt künstlerisch unvollbracht.

C. S.: Führt der Ausdruck »Polyphonie«, wenn er meta-

phorisch auf die Literatur angewendet wird, nicht zu For-
derungen, die der Roman nicht erfüllen kann?

M. K.: Die musikalische Polyphonie ist die *simultane*
Entwicklung zweier oder mehrerer Stimmen (melodischer
Stränge), die trotz inniger Verbundenheit eine relative
Unabhängigkeit bewahren. Die Polyphonie im Roman?
Stellen wir zuerst fest, was das Gegenteil ist: die *unilineare*
Komposition. Der Roman versucht seit den Anfängen
seiner Geschichte der Unilinearität zu entkommen und
Breschen in die kontinuierliche Erzählung einer Ge-
schichte zu schlagen. Cervantes berichtet von Don Qui-
jotes ganz linearer Reise. Aber unterwegs begegnet
Don Quijote anderen Personen, die ihre eigene Geschich-
te erzählen. Im ersten Band ist das viermal der Fall.
Vier Breschen, die das lineare Gefüge des Romans durch-
brechen.

C. S.: Aber das ist keine Polyphonie!

M. K.: Weil hier keine Simultaneität besteht. Um auf
Šklovskijs Terminologie zurückzugreifen: Es handelt sich
um in der »Schachtel« des Romans »eingeschachtelte«
Novellen. Diese Methode der »Einschachtelung« findet
sich bei vielen Romanciers des 17. und 18. Jahrhunderts.
Das 19. Jahrhundert hat eine andere Art und Weise entwickelt, die Linearität zu überschreiten; man könnte sie in
Ermangelung eines Besseren polyphonisch nennen. *Die
Dämonen.* Analysiert man diesen Roman vom rein technischen Standpunkt aus, kann man feststellen, daß er aus
drei Strängen besteht, die sich simultan entwickeln und
notfalls drei voneinander unabhängige Romane hätten
bilden können: 1. den *ironischen* Liebesroman zwischen der
alten Stawrogina und Stepan Werchowenskij; 2. den *romantischen* Roman Stawrogins und seiner Liebesbeziehun-
gen; 3. den *politischen* Roman einer revolutionären
Gruppe. Weil alle Figuren sich kennen, waren durch eine

scharfsinnige Technik der Handlungsführung diese drei Stränge ohne weiteres zu einem unteilbaren Ganzen zu vereinen. Vergleichen wir jetzt diese Dostojewskische Polyphonie mit derjenigen Brochs. Er geht viel weiter. Während die drei Stränge der *Dämonen*, obwohl in ihrem *Charakter* unterschiedlich, der gleichen *Gattung* angehören (drei *romaneske* Geschichten), sind bei Broch die Gattungen seiner fünf Stränge von Grund auf verschieden: Roman, Novelle, Reportage, Gedicht, Essay. Diese Einbeziehung nicht-romanesker Gattungen in die Polyphonie des Romans ist Brochs revolutionierende Neuerung.

C. S.: Aber Ihnen zufolge sind diese fünf Stränge nicht genügend verbunden. Hanna Wendling kennt Esch ja tatsächlich nicht, das junge Heilsarmeemädchen wird nie etwas von Hanna Wendlings Existenz erfahren. Es gibt also keine Technik der Handlungsführung, um diese fünf verschiedenen Stränge, die sich nicht begegnen und nicht kreuzen, zu einem Ganzen zu vereinen.

M. K.: Sie sind nur durch ein gemeinsames Thema verbunden. Doch ich finde diese thematische Verbindung vollkommen ausreichend. Das Problem der Nichtvereinbarkeit liegt anderswo. Rekapitulieren wir: Bei Broch werden die fünf Stränge des Romans gleichzeitig entwickelt, ohne sich zu begegnen, und sind durch ein Thema oder mehrere Themen verbunden. Ich habe diese Art der Komposition mit einem der Musikwissenschaft entlehnten Wort bezeichnet: Polyphonie. Sie werden sehen, daß es gar nicht so nutzlos ist, den Roman mit der Musik zu vergleichen. Tatsächlich war ja eines der fundamentalen Prinzipien der großen Polyphonisten die *Ausgewogenheit der Stimmen*: Keine Stimme soll dominieren, keine soll lediglich als Begleitung dienen. Meiner Meinung nach ist die Unausgewogenheit der fünf »Stimmen« ein Mangel des dritten Romans der *Schlafwandler*. Der erste Strang (die »romaneske« Erzählung von Esch und Huguenau) nimmt umfangmäßig viel mehr Platz ein als die anderen Stränge und wird vor allem auch insofern qualitativ bevorzugt, als er durch Esch und Pasenow mit den beiden vorhergehenden Romanen verknüpft ist. Er zieht deshalb die Aufmerksamkeit besonders stark auf sich, wodurch die Gefahr gegeben ist, daß die Rolle der vier andern »Stränge« auf bloße »Begleitung« reduziert wird. Und noch etwas: Während eine Bachsche Fuge auf keine einzige Stimme verzichten kann, könnte man sich die Novelle über Hanna Wendling oder den Essay über den Zerfall der Werte als unabhängige Texte vorstellen, ohne daß Sinn und Verständlichkeit des Romans beeinträchtigt würden, wenn sie fehlten. Doch die Bedingungen *sine qua non* des romanesken Kontrapunktes sind für mich: 1. die Ausgewogenheit der jeweiligen »Stränge«; 2. die Unteilbarkeit des Ganzen. Ich erinnere mich an den Tag, wo ich den dritten Teil von *Das Buch vom Lachen und vom Vergessen* beendete, der *Die Engel* heißt. Ich muß gestehen, daß ich furchtbar stolz war und überzeugt, eine neue Art und Weise entdeckt zu haben, eine Erzählung aufzubauen. Dieser Text besteht aus folgenden Elementen: 1. aus der Anekdote über zwei Studentinnen und ihre Levitation; 2. aus dem autobiographischen Bericht; 3. aus dem kritischen Essay über ein feministisches Buch; 4. aus der Fabel über den Engel und den Teufel; 5. aus der Traumerzählung von Eluard, der über Prag fliegt. Diese Elemente können unabhängig voneinander nicht existieren; sie erhellen und erklären sich wechselseitig und sind einem einzigen Thema, einer einzigen Frage gewidmet: »Was ist ein Engel?« Nur diese eine Frage verbindet sie. Der sechste Teil, der auch *Die Engel* heißt, ist folgendermaßen komponiert: 1. Traumerzählung über Taminas Tod; 2. autobiographischer Bericht über den Tod meines Vaters; 3. musikwissenschaftliche Reflexionen; 4. Gedanken über das Vergessen, von dem Prag heimgesucht ist. Welche Verbindung besteht zwischen meinem Vater und der von Kindern gequälten Tamina? Es ist, um den von den Surrealisten so geschätzten Satz zu beschwören, »die Begegnung einer Nähmaschine mit einem Schirm« auf dem Sektionstisch eines gemeinsamen Themas. Die romaneske Polyphonie ist weit mehr Poesie als Technik.

C. S.: In *Die unerträgliche Leichtigkeit des Seins* ist der Kontrapunkt nicht so offensichtlich.

M. K.: Im sechsten Teil ist das Polyphonische augenfällig: Die Geschichte von Stalins Sohn, eine theologische Überlegung, ein politisches Ereignis in Asien, der Tod von Franz in Bangkok und Tomas' Begräbnis in Böhmen werden durch die wiederkehrende Frage »Was ist Kitsch?« verbunden. Diese polyphonische Passage ist der Schlußstein des Aufbaus. Hier liegt das ganze Geheimnis des architektonischen Gleichgewichtes.

C. S.: Welches Geheimnis?

M. K.: Es gibt zwei. Erstens: Dieser Teil ist nicht auf dem Fundament einer Geschichte aufgebaut, sondern auf dem eines Essays (über den Kitsch). In diesen Essay sind Fragmente des Lebens einiger Figuren als »Beispiele«, als »zu analysierende Situationen« eingestreut. So erfährt man »nebenbei«, kurz zusammengefaßt, das Ende des Lebens von Franz, von Sabina, die Auflösung der Beziehung zwischen Tomas und seinem Sohn. Diese Ellipse hat den Aufbau ungemein erleichtert. Zweitens: die chronologische Verschiebung. Die Ereignisse des sechsten Teils spielen sich nach den Ereignissen des siebenten (letzten) Teils ab. Dank dieser Verschiebung ist der letzte Teil trotz seiner Idyllik von einer Melancholie überschattet, die aus unserem Wissen um die Zukunft herrührt.

C. S.: Ich komme auf Ihren Text über *Die Schlafwandler* zurück. Sie haben sich hinsichtlich des Essays über den

Zerfall der Werte etwas zurückhaltend geäußert. Auf Grund seines apodiktischen Tones, seiner wissenschaftlichen Sprache kann er sich Ihrer Meinung nach als ideologischer Schlüssel des Romans anbieten, als seine »Wahrheit«, und die ganze Trilogie der *Schlafwandler* in eine bloße romaneske Illustration einer großen Reflexion verwandeln. Deshalb sprechen Sie von der Notwendigkeit einer »spezifisch romanesken Kunst des Essays«.

M. K.: Zuerst eine Evidenz: Wenn man ins Innere eines Romans vordringt, ändert das Denken plötzlich sein Wesen. Außerhalb des Romans befindet man sich im Bereich der Behauptungen: Jedermann, ein Politiker, ein Philosoph, ein Portier, ist sich dessen, was er sagt, sicher. Im Lebensraum des Romans gibt es keine Behauptungen: Es ist der Lebensraum des Spiels und der Hypothesen. Das romaneske Denken ist deshalb seiner Natur nach fragend und hypothetisch.

C. S.: Aber warum soll ein Romancier auf das Recht verzichten, in seinem Roman seine Philosophie direkt auszudrücken, als Behauptung?

M. K.: Es gibt einen grundsätzlichen Unterschied zwischen der Denkweise eines Philosophen und der Denkweise eines Romanciers. Man spricht oft von Tschechows, Kafkas, Musils Philosophie, usw. Aber versuchen Sie einmal, aus ihren Schriften eine in sich schlüssige Philosophie zu entnehmen! Selbst wenn ein Gedanke unvermittelt im Notizbuch festgehalten wird, ist er eher Exerzitium des Denkens, ein Spiel der Paradoxa, eher Improvisation als Behauptung eines Gedankens.

C. S.: Dostojewski stellt in seinem *Tagebuch eines Schriftstellers* aber doch durchaus Behauptungen auf.

M. K.: Aber die Größe seines Denkens beruht nicht darauf. Ein großer Denker ist er nur als Romancier. Das bedeutet: Er schafft durch seine Figuren außerordentlich reiche, neue intellektuelle Welten. Man sucht in seinen Figuren mit Vorliebe die Projektion seiner Ideen. Zum Beispiel in Chatow. Aber Dostojewski hat alle Vorsichtsmaßnahmen ergriffen. Gleich bei seinem ersten Auftreten wird Chatow recht grausam charakterisiert: »Das war einer dieser russischen Idealisten, die in plötzlicher Erleuchtung durch eine ungeheure Idee davon geblendet sind, meist für immer. Es gelingt ihnen nie, diese Idee zu beherrschen, sie glauben leidenschaftlich an sie, und von da an ist ihre gesamte Existenz gewissermaßen nur noch eine Agonie unter dem Stein, der sie schon halb zermalmt hat.« Selbst wenn Dostojewski seine eigenen Ideen in Chatow projiziert haben sollte, hat er sie somit gleich wieder relativiert. Auch für Dostojewski gilt die Regel: Wenn man ins Innere eines Romans vordringt, ändert das Denken plötzlich sein Wesen: ein dogmatischer Gedanke wird hypothetisch. Was den Philosophen, wenn sie sich am Roman versuchen, entgeht. Mit einer Ausnahme. Diderot. Sein bewundernswürdiger *Jacques le Fataliste*! Dieser ernsthafte Enzyklopädist verwandelt sich, sobald er die Schwelle zum Roman überschritten hat, in einen spielerischen Denker: Kein einziger Satz seines Romans ist ernsthaft, alles ist Spiel. Deshalb wird dieser Roman in Frankreich auch in skandalöser Weise unterschätzt. Dieses Buch konzentriert tatsächlich alles, was Frankreich verloren hat und nicht wiederfinden will. Man zieht heute die Ideen den Werken vor. *Jacques le Fataliste* ist nicht in die Ideensprache zu übersetzen.

C. S.: Es ist Jaroslav, der im *Scherz* eine musikwissenschaftliche Theorie entwickelt. Das Hypothetische dieser Reflexion ist somit gegeben. Aber es finden sich in Ihren Romanen auch Stellen, wo Sie, direkt Sie selbst, sprechen.

M. K.: Auch wenn ich selber spreche, ist meine Reflexion an eine Figur gebunden. Ich will an ihrer Stelle ihre Haltung, ihre Art, die Dinge zu betrachten, überdenken, und zwar genauer, als sie selbst es könnte. Der zweite Teil von *Die unerträgliche Leichtigkeit des Seins* beginnt mit einer langen Reflexion über die Beziehungen von Körper und Seele. Ja, der Autor spricht, aber alles, was er sagt, ist nur gültig im Magnetfeld einer Figur: Teresa. Es ist Teresas Art, die Dinge zu sehen (obwohl sie selbst es nie formuliert).

C. S.: Aber Ihre Meditationen sind oft gar nicht an eine Figur gebunden: die musikwissenschaftlichen Reflexionen in *Das Buch vom Lachen und vom Vergessen* oder Ihre Betrachtungen über den Tod von Stalins Sohn in *Die unerträgliche Leichtigkeit des Seins* . . .

M. K.: Das stimmt. Ich greife ab und zu gern direkt ein, als Autor, als ich selbst. In diesen Fällen hängt alles vom Ton ab. Vom ersten Wort an hat meine Reflexion einen spielerischen, ironischen, provozierenden, experimentellen oder fragenden Ton. Der ganze sechste Teil von *Die unerträgliche Leichtigkeit des Seins* (Der große Marsch) ist ein Essay über den Kitsch, wobei die Hauptthese lautet: »Der Kitsch ist die absolute Negation der Scheiße.« Diese Meditation über den Kitsch ist für mich von höchster Wichtigkeit, dahinter stecken viele Reflexionen, Erfahrungen, Studien, sogar Leidenschaft, aber der Ton ist nie ernsthaft: Er ist provozierend. Dieser Essay ist außerhalb des Romans undenkbar; es handelt sich um das, was ich einen »spezifisch romanesken Essay« nenne.

C. S.: Sie haben vom romanesken Kontrapunkt in seiner Eigenschaft als Verbindung von Philosophie, Erzählung und Traum gesprochen. Verweilen wir beim Traum. Die Traumerzählung nimmt den ganzen zweiten Teil von *Das Leben ist anderswo* ein; auf ihr beruht auch der sechste Teil von *Das Buch vom Lachen und vom Vergessen*, und sie taucht auch in *Die unerträgliche Leichtigkeit des Seins* (Teresas Träume) ab und zu auf.

M. K.: Die Traumerzählung. Sagen wir lieber: die von der Kontrolle der Vernunft, von der Sorge um die Wahrscheinlichkeit befreite Imagination, die in Regionen vorstößt, welche rationaler Überlegung unzugänglich sind. Der Traum ist nur das Modell dieser Art von Imagination, die ich für die größte Entdeckung der modernen Kunst halte. Aber wie kann man die *unkontrollierte* Imagination in den Roman integrieren, der seiner Definition gemäß *luzide* Prüfung der Existenz sein soll? Wie bringt man so heterogene Elemente zusammen? Da ist wirklich Alchimie vonnöten! Der erste, der offenbar an eine solche Alchimie gedacht hat, war Novalis. Er hat in den ersten Band seines Romans *Heinrich von Ofterdingen* drei lange Träume eingeflochten. Es handelt sich nicht um eine »realistische« Nachahmung von Träumen wie bei Tolstoi oder Thomas Mann, sondern um hohe, von der dem Traum eigenen »Technik der Imagination« inspirierte Poesie. Aber das genügte ihm nicht. Diese drei Träume bildeten seiner Meinung nach innerhalb des Romans gleichsam Inseln. Er wollte deshalb noch weitergehen und den zweiten Band des Romans als Erzählung schreiben, in der Traum und Wirklichkeit verbunden werden und so ineinandergreifen, daß sie nicht mehr zu unterscheiden sind. Aber er hat diesen zweiten Band nie geschrieben. Er hat uns nur ein paar Notizen hinterlassen, die seine ästhetische Absicht zum Ausdruck bringen. Diese wurde hundertundzwanzig Jahre später von Franz Kafka verwirklicht. Seine Romane sind die nahtlose Verschmelzung von Traum und Wirklichkeit. Gleichzeitig ein überaus luzider, auf die moderne Welt gerichteter Blick und ganz und gar entfesselte Imagination. Kafka ist in erster Linie eine immense ästhetische Revolution. Ein künstlerisches Wunder. Nehmen Sie zum Beispiel dieses unglaubliche Kapitel des *Schlosses*, wo K. zum ersten Mal mit Frieda schläft. Oder das Kapitel, wo er ein Klassenzimmer der Primarschule für sich, Frieda und seine beiden Gehilfen in ein Schlafzimmer umfunktioniert. Vor Kafka war eine solche Dichte der Imagination undenkbar. Es wäre selbstverständlich lächerlich, ihn nachzuahmen. Aber ich habe wie Kafka (und Novalis) das Bedürfnis, den Traum und die traumhafte Imagination in den Roman einzubeziehen. Bei mir geschieht das nicht durch eine »Verschmelzung von Traum und Wirklichkeit«, sondern durch polyphonische Konfrontation. Die »Traumerzählung« ist einer der Stränge des Kontrapunktes.

C. S.: Gehen wir zu etwas anderem über. Ich möchte auf die Frage nach der Einheit einer Komposition zurückkommen. Sie haben *Das Buch vom Lachen und vom Vergessen* als »einen Roman in Variationen« bezeichnet. Ist das noch ein Roman?

M. K.: Was dem Buch den Anschein des Romans nimmt, ist die fehlende Einheit der Handlung. Und man kann sich einen Roman fast nicht ohne eine solche vorstellen. Selbst die Experimente des »nouveau roman« beruhen auf der Einheit der Handlung (oder Nicht-Handlung). Sterne und Diderot machen sich einen Spaß daraus, diese Einheit äußerst fragil zu gestalten. Die Reise Jacques' und seines Herrn nimmt den kleineren Teil des Romans ein, sie ist nur der komische Vorwand, um andere Anekdoten, Erzählungen, Überlegungen einzuschachteln. Trotzdem ist dieser Vorwand, diese »Schachtel« notwendig, damit der Roman als Roman empfunden wird oder zumindest als Parodie eines Romans. Ich glaube allerdings, daß die Kohärenz eines Romans tiefer, nämlich durch die thematische Einheit begründet ist. So ist es übrigens immer gewesen. Die drei Erzählstränge, auf denen *Die Dämonen* beruhen, sind durch die Technik der Handlungsführung, aber vor allem durch das gleiche Thema verbunden: das

Thema der Dämonen, die vom Menschen Besitz ergreifen, wenn er Gott verliert. In jedem Erzählstrang wird dieses Thema wie etwas, das in drei Spiegeln gespiegelt wird, unter einem anderen Gesichtswinkel betrachtet. Und dieses Etwas (dieses abstrakte Etwas, das ich Thema nenne) gibt dem Roman insgesamt eine innere Kohärenz, die kaum sichtbar, aber besonders wichtig ist. In *Das Buch vom Lachen und vom Vergessen* besteht die Kohärenz des Ganzen *einzig und allein* in der Einheit einiger variierter Themen (und Motive). Ist das ein Roman? Meiner Meinung nach schon. Der Roman ist Meditation über die Existenz mittels der Perspektive imaginärer Figuren.

C. S.: Wenn man die Definition so weit faßt, kann man sogar das *Decamerone* als Roman bezeichnen! Alle Novellen sind durch ein und dasselbe Thema, die Liebe, verbunden, und werden von den gleichen zehn Erzählern erzählt . . .

M. K.: Ich möchte die Provokation nicht so weit treiben, zu behaupten, das *Decamerone* sei ein Roman. Andererseits trifft ja zu, daß dieses Buch im modernen Europa einer der ersten Versuche ist, eine große Komposition erzählender Prosa zu schaffen, und daß es als solche zur Geschichte des Romans *zumindest* als inspirierender Wegbereiter gehört. Wir wissen ja, daß die Geschichte des Romans eben den Weg genommen hat, den sie genommen hat. Sie hätte auch einen anderen Verlauf nehmen können. Die Form des Romans ist die einer fast unbegrenzten Freiheit. Der Roman hat aber im Laufe seiner Geschichte davon nicht profitiert. Er hat diese Freiheit verfehlt. Er hat viele formale Möglichkeiten ungenutzt gelassen.

C. S.: Trotzdem gibt es aber in Ihren Romanen, wenn wir *Das Buch vom Lachen und vom Vergessen* einmal beiseite lassen, auch eine Einheit der Handlung, selbst wenn sie etwas aufgelockert ist.

M. K.: Ich baue meine Romane seit jeher auf zwei

Ebenen auf: Da ist einmal die Ebene der Komposition einer romanesken Geschichte; darüber entwickle ich die Themen. Sie werden ohne Unterbrechung *in* der romanesken Geschichte und *durch sie hindurch* verarbeitet. Wo ein Roman von seinen Themen abkommt und sich damit begnügt, die Geschichte zu erzählen, wird er platt. Andererseits kann ein Thema auch gesondert, außerhalb der Geschichte, entwickelt werden. Diese Art, ein Thema anzugehen, nenne ich *Abschweifung*. Abschweifung will besagen, daß die romaneske Geschichte für einen Augenblick aussetzt. So ist zum Beispiel in *Die unerträgliche Leichtigkeit des Seins* die gesamte Reflexion über den Kitsch eine Abschweifung: Die romaneske Geschichte setzt aus, weil ich mein Thema (den Kitsch) *direkt* aufgreife. So betrachtet, ist die Abschweifung keine Schwächung, sondern eine Bekräftigung der kompositorischen Disziplin. Ich unterscheide dabei Thema und *Motiv*: Das Motiv ist ein im Verlauf des Romans mehrmals wiederkehrendes Element des Themas oder der Geschichte in einem jeweils anderen Kontext; so beispielsweise das Motiv von Beethovens Quartett, das in Teresas Leben auftaucht, zu den Reflexionen von Tomas überleitet und auch die verschiedenen Themen durchzieht: das Thema der Schwere, das Thema des Kitsches; oder das Thema von Sabinas Hut, in den Szenen Sabina–Thomas, Sabina–Teresa und Sabina–Franz, das wiederum mit dem Thema der »unverstandenen Wörter« zusammenhängt.

C. S.: Aber was verstehen Sie genau unter dem Wort *Thema*?

M. K.: Ein Thema ist eine existentielle Fragestellung. Und mir wird immer mehr bewußt, daß eine solche Fragestellung letztlich auf die Prüfung einzelner Wörter, Wörter als Themen, hinausläuft. Was mich veranlaßt, darauf zu beharren, daß der Roman in erster Linie auf einigen grundlegenden Wörtern beruht. Wie eine Schönberg-Komposition, die auf einer Serie von Tönen beruht. In *Das Buch vom Lachen und vom Vergessen* verläuft die »Serie« folgendermaßen: das Vergessen, das Lachen, die Engel, die »lítost«, die Grenze. Diese fünf wichtigsten Wörter werden im Laufe des Romans analysiert, studiert, definiert, noch einmal definiert und auf diese Weise in Kategorien der Existenz verwandelt. Der Roman ist, wie ein Haus auf Pfeilern, auf diesen paar Kategorien aufgebaut. Die Pfeiler von *Die unerträgliche Leichtigkeit des Seins:* die Schwere, die Leichtigkeit, die Seele, der Körper, der Lange Marsch, die Scheiße, der Kitsch, das Mitgefühl, der Schwindel, die Stärke, die Schwäche.

C. S.: Verweilen wir bei dem architektonischen Plan Ihrer Romane. Alle, mit einer Ausnahme, bestehen aus sieben Teilen.

M. K.: Als *Der Scherz* fertig war, hatte ich keinen Anlaß, mich darüber zu wundern, daß er aus sieben Teilen bestand. Dann habe ich *Das Leben ist anderswo* geschrieben. Der Roman war schon fast fertig und bestand aus sechs Teilen. Ich war unbefriedigt. Ich fand die Geschichte platt. Plötzlich hatte ich die Idee, in den Roman eine Geschichte einzublenden, die sich drei Jahre nach dem Tod des Helden zuträgt (das heißt, jenseits der Roman-Zeit). Es ist der vorletzte Teil, der sechste: Der Vierziger. Da stimmte mit einemmal alles. Später ist mir klargeworden, daß dieser Teil sechs seltsamerweise dem Teil sechs von *Der Scherz* (Kostka) entspricht, der gleichfalls eine Figur von außerhalb in den Roman einführt und in der Mauer des Romans ein geheimes Fenster öffnet. *Das Buch der lächerlichen Liebe* bestand zuerst aus zehn Novellen. Als ich den endgültigen Band zusammenstellte, nahm ich drei heraus; das ganze ist sehr kohärent geworden, so daß es bereits die Komposition von *Das Buch vom Lachen und vom*

Vergessen vorwegnimmt: Die gleichen Themen (besonders das Thema der Mystifikation) verbinden sieben Erzählungen zu einem Ganzen, wobei der vierte und der sechste außerdem noch durch »die Klammer« des gleichen Protagonisten verbunden sind: Doktor Havel. In *Das Buch vom Lachen und vom Vergessen* sind der vierte und der sechste Teil ebenfalls durch eine Figur verbunden: Tamina. Als ich *Die unerträgliche Leichtigkeit des Seins* schrieb, wollte ich um jeden Preis die verhängnisvolle Sieben vermeiden. Der Roman war schon lange auf sechs Teile hin konzipiert. Aber der erste Teil erschien mir im Aufbau immer unvollkommen. Schließlich begriff ich, daß dieser Teil eigentlich aus zwei Teilen bestand, gewissermaßen aus siamesischen Zwillingen, die man durch einen brisanten chirurgischen Eingriff trennen mußte. Ich erzähle das alles, um auszudrücken, daß es sich bei mir weder um abergläubische Koketterie mit einer magischen Zahl noch um rationale Berechnung handelt, sondern um etwas zutiefst Zwingendes, Unbewußtes, Unverständliches, um eine archetypische Form, der ich nicht entrinnen kann. Meine Romane sind Varianten der gleichen Architektur, die auf der Zahl sieben beruht.

C. S.: Wie weit reicht diese mathematische Ordnung?

M. K.: Zum Beispiel *Der Scherz*. Dieser Roman wird von vier Personen erzählt: Ludvik, Jaroslav, Kostka und Helena. Ludviks Monolog nimmt 2/3 des Buches, die Monologe der andern nehmen insgesamt 1/3 des Buches ein (Jaroslav 1/6, Kostka 1/9, Helena 1/18). Durch diese mathematische Struktur wird bestimmt, was ich die *Beleuchtung der Figuren* nennen möchte. Ludvik steht ganz im Licht und wird von innen (durch seinen eigenen Monolog) und von außen (alle andern Monologe entwerfen ein Porträt von ihm) beleuchtet. Jaroslav nimmt durch seinen Monolog ein Sechstel des Buches ein, und sein Selbstporträt wird durch Ludviks Monolog von außen korrigiert. Et cetera. Jede Figur wird durch eine andere Lichtintensität und auf jeweils verschiedene Weise beleuchtet. Lucie, eine der wichtigsten Figuren, führt keinen Monolog und wird nur von außen beleuchtet, durch Ludviks und Kostkas Monologe. Daß bei ihr die innere Beleuchtung fehlt, verleiht ihr etwas Geheimnisvolles und Ungreifbares. Sie befindet sich gleichsam auf der anderen Seite der Fensterscheibe, man kann sie nicht berühren.

C. S.: Ist diese mathematische Struktur beabsichtigt?

M. K.: Nein. All das habe ich erst nach Erscheinen von *Der Scherz* in Prag entdeckt, und zwar dank dem Artikel eines tschechischen Literaturkritikers: *Die Geometrie von »Der Scherz«*. Ein Text, der mir die Augen geöffnet hat. Anders ausgedrückt, diese »mathematische Ordnung« ergibt sich ganz natürlich als zwangsläufige Form und ist auf Berechnungen nicht angewiesen.

C. S.: Kommt daher Ihre Manie der Zahlen? Die Teile und Kapitel in Ihren Romanen sind alle mit Ziffern versehen.

M. K.: Ich möchte, daß die Einteilung des Romans in Teile, der Teile in Kapitel, der Kapitel in Absätze, anders ausgedrückt, die *Gliederung* des Romans, möglichst klar ist. Jeder der sieben Teile bildet eine Einheit für sich. Jeder ist durch seine eigene *Erzählweise* charakterisiert; in *Das Leben ist anderswo* zum Beispiel: Erster Teil: »kontinuierliches« Erzählen (das heißt: mit einer kausalen Verbindung der Kapitel); zweiter Teil: Traumerzählung; dritter Teil: diskontinuierliches Erzählen (das heißt, ohne kausale Verbindung der Kapitel); vierter Teil: polyphonisches Erzählen; fünfter Teil: kontinuierliches Erzählen; sechster Teil: kontinuierliches Erzählen; siebenter Teil: polyphonisches Erzählen. Jeder Teil hat seine eigene *Perspektive* (ist vom Standpunkt eines anderen imaginären Ego aus erzählt).

Jeder hat seine eigene *Dauer*: die Ordnung der Dauer in *Der Scherz*: sehr kurz; sehr kurz; lang; kurz; lang; kurz; lang. In *Das Leben ist anderswo* ist die Ordnung umgekehrt: lang; kurz; lang; kurz; lang; sehr kurz; sehr kurz. Auch jedes einzelne Kapitel soll eine in sich geschlossene kleine Einheit darstellen. Deshalb beharre ich gegenüber meinen Verlegern darauf, daß sie Ziffern gut sichtbar anbringen und die Kapitel sehr deutlich voneinander trennen. (Gallimard hat das ideal gelöst: Jedes Kapitel beginnt auf einer neuen Seite.) Ich möchte den Roman noch einmal mit der Musik vergleichen. Ein Teil ist, im musikalischen Sinn, ein Satz. Die Kapitel sind die Takte. Die Takte sind entweder kurz oder lang oder von sehr unregelmäßiger Dauer. Was uns auf die Frage der Tempi bringt. Jeder Teil meiner Romane könnte eine musikalische Bezeichnung tragen: *moderato, presto, adagio,* usw.

C. S.: Das Tempo wird also von der Beziehung zwischen der Dauer eines Teils und der Anzahl von Kapiteln dieses Teils bestimmt?

M. K.: Sehen wir uns in dieser Hinsicht einmal *Das Leben ist anderswo* an:

> *Erster Teil:* 11 Kapitel auf 71 Seiten; *moderato*
> *Zweiter Teil:* 14 Kapitel auf 31 Seiten; *allegretto*
> *Dritter Teil:* 28 Kapitel auf 82 Seiten; *allegro*
> *Vierter Teil:* 25 Kapitel auf 30 Seiten; *prestissimo*
> *Fünfter Teil:* 11 Kapitel auf 96 Seiten; *moderato*
> *Sechster Teil:* 17 Kapitel auf 26 Seiten; *adagio*
> *Siebenter Teil:* 23 Kapitel auf 28 Seiten; *presto*.

Sie sehen: Der fünfte Teil ist 96 Seiten lang, hat aber nur 11 Kapitel; er verläuft ruhig, langsam: *moderato*. Der vierte Teil hat 25 Kapitel auf 30 Seiten! Das vermittelt den Eindruck eines ganz schnellen Ablaufes: *prestissimo*.

C. S.: Der sechste Teil hat 17 Kapitel auf nur 26 Seiten. Das bedeutet, wenn ich Sie richtig verstanden habe, daß die Frequenz recht hoch ist. Trotzdem bezeichnen sie ihn als *adagio*!

M. K.: Weil das Tempo noch von etwas anderem bestimmt wird: von der Beziehung zwischen der Dauer eines Teils und der »realen« Zeit des erzählten Ereignisses. Der fünfte Teil, *Der Dichter ist eifersüchtig*, umfaßt ein ganzes Lebensjahr, während der sechste Teil, *Der Vierziger*, nur ein paar Stunden behandelt. Die Kürze der Kapitel hat hier also die Funktion, die Zeit zu verlangsamen, einen einzigen, wichtigen Moment gerinnen zu lassen . . . Ich finde die Kontraste der Tempi außerordentlich wichtig! Für mich gehören sie oft zur ersten Vorstellung, die ich von meinem Roman habe, lange bevor ich ihn schreibe. Auf diesen sechsten Teil von *Das Leben ist anderswo*, *adagio* (Atmosphäre des Friedens und des Mitgefühls) folgt der siebente Teil, *presto* (erregte, grausame Atmosphäre). In diesem Schlußkontrast wollte ich die gesamte emotionale Kraft des Romans konzentrieren. Der Fall von *Die unerträgliche Leichtigkeit des Seins* ist genau entgegengesetzt. Da wußte ich bereits, als ich mit der Arbeit begann, daß der letzte Teil ein *pianissimo* und *adagio* sein sollte (*Das Lächeln Karenins:* eine ruhige, melancholische Atmosphäre mit wenigen Ereignissen), und daß ein anderer, ein *fortissimo*, *prestissimo*, vorangehen mußte (Der lange Marsch, eine brutale, zynische Atmosphäre mit vielen Ereignissen).

C. S.: Der Wechsel der Tempi zieht also auch einen Wechsel der emotionalen Atmosphäre nach sich.

M. K.: Wieder eine wichtige Lektion der Musik. Jeder Teil einer musikalischen Komposition wirkt durch seinen emotionalen Ausdruck so oder so auf uns. Die Reihenfolge der Sätze einer Symphonie oder einer Sonate ist immer von der ungeschriebenen Regel einer Abwechslung zwischen langsamen und schnellen Sätzen bestimmt worden, was fast automatisch bedeutet: von traurigen und von fröhlichen Sätzen. Diese emotionalen Kontraste haben bald zu einer unglücklichen Stereotypie geführt, welche nur die großen Meister (und auch sie nicht immer) überwinden konnten. Ich bewundere in dieser Hinsicht, um ein sehr bekanntes Beispiel zu erwähnen, die Sonate von Chopin, deren dritter Satz ein Trauermarsch ist. Was konnte man nach diesem großen Abschied noch ausdrücken? Die Sonate wie üblich mit einem lebhaften *rondo* abschließen? Selbst Beethoven hat in seiner Sonate op. 26 dieser Stereotypie nicht entrinnen können; er fügt an den Trauermarsch (der auch der dritte Satz ist) ein fröhliches Finale an. Der vierte Satz der Sonate von Chopin ist ganz seltsam: *pianissimo*, schnell, kurz, ohne jede Melodik, absolut emotionslos: ein Sturm in der Ferne, ein dumpfes, endgültiges Vergessen ankündigendes Geräusch. Das Nebeneinander der beiden Sätze (emotional-emotionslos) krampft einem das Herz zusammen. Es ist vollkommen original. Ich erwähne das, weil ich ausdrücken möchte, daß einen Roman zu komponieren bedeutet, die verschiedenen emotionalen Flächen nebeneinander zu setzen, und daß darin meiner Meinung nach die subtilste Kunst eines Romanciers besteht.

C. S.: Hat Ihre musikalische Ausbildung Ihr Schreiben sehr beeinflußt?

M. K.: Bis zu meinem fünfundzwanzigsten Lebensjahr hat mich die Musik weit mehr angezogen als die Literatur. Das Beste, was ich damals gemacht habe, war eine Komposition für vier Instrumente: Klavier, Bratsche, Klarinette und Schlagzeug. Sie nahm auf fast karikierende Weise die Architektur meiner Romane vorweg, von deren zukünftiger Existenz ich damals überhaupt nichts ahnte. Diese *Komposition für vier Instrumente* hat, stellen Sie sich das vor, sieben Teile! Wie bei meinen Romanen ist alles aus formal sehr heterogenen Teilen komponiert (Jazz; Parodie eines Walzers; Fuge; Choral usw.), wobei jeder Teil eine andere Instrumentierung hat (Klavier, Bratsche; Klavier solo; Bratsche, Klarinette, Schlagzeug; usw.). Diese formale Verschiedenheit wird durch große thematische Einheitlichkeit ausgeglichen: Von Anfang bis Ende werden nur zwei Themen verarbeitet: A und B. Die drei letzten Teile beruhen auf einer Polyphonie, die ich damals sehr originell fand: auf der simultanen Entwicklung zweier verschiedener, sich emotional widersprechender Themen; zum Beispiel im letzten Teil: Da wird auf Tonband die Aufnahme des dritten Satzes wiederholt (das als feierlicher Choral für Klarinette, Bratsche und Klavier konzipierte Thema A), während gleichzeitig Schlagzeug und Trompete (der Klarinettist mußte seine Klarinette mit einer Trompete vertauschen) mit einer Variation (im Stil »barbaro«) des Themas B einsetzen. Und noch eine merkwürdige Ähnlichkeit: Im sechsten Teil erscheint ein einziges Mal ein neues Thema, C, ganz wie Kostka in *Der Scherz* oder der Vierziger in *Das Leben ist anderswo*. Ich erwähne das, um zu zeigen, daß die Form des Romans, seine »mathematische Struktur«, nichts Kalkuliertes ist; es handelt sich um einen unbewußten Imperativ, um eine Obsession. Früher habe ich sogar gedacht, daß diese Form, von der ich besessen bin, eine Art algebraische Definition meiner eigenen Person sei, aber eines Tages, vor einigen Jahren, als ich mich besonders eingehend mit Beethovens Streichquartett op. 131 beschäftigte, mußte ich mich von dieser narzißtischen, subjektiven Konzeption der Form distanzieren. Sehen Sie:

Erster Satz: langsam; in Form einer Fuge; 7,21 Minuten.

Zweiter Satz: schnell, nicht einzuordnende Form; 3,26 Minuten.

Dritter Satz: langsam; einfache Durchführung eines einzigen Themas; 0,51 Minuten.

Vierter Satz: langsam und schnell; Variationen; 13,48 Minuten.

Fünfter Satz: sehr schnell; scherzo; 5,35 Minuten.

Sechster Satz: sehr langsam; einfache Durchführung eines einzigen Themas; 1,58 Minuten.

Siebenter Satz: schnell, Sonatenform; 6,30 Minuten.

Beethoven ist vielleicht der größte Architekt der Musik. Er geht von einer Sonate aus, die als Zyklus von vier oft recht willkürlich zusammengestellten Sätzen konzipiert war, wobei der Kopfsatz (in *Sonatenform*) immer mehr Gewicht hatte als die folgenden Sätze (Rondo, Menuett usw.). Beethovens gesamte künstlerische Entwicklung ist von dem Willen geprägt, eine solche Zusammenstellung in eine echte Einheit zu verwandeln. So verlagert er in den Klaviersonaten nach und nach den Schwerpunkt vom ersten in den letzten Satz, reduziert die Sonate oft auf lediglich zwei Teile (die manchmal, wie bei den Sonaten op. 27 Nr. 2 und op. 53, durch einen ›Intermezzo‹-Satz getrennt, manchmal aber auch unmittelbar nebeneinandergesetzt sind wie in der Sonate op. 111), verarbeitet die gleichen Themen in verschiedenen Sätzen, usw. Aber gleichzeitig versucht er ein Höchstmaß an formaler Verschiedenartigkeit in diese Einheit einzubringen. So fügt er mehrere Male eine große Fuge in seine Sonaten ein, was ein Zeichen außerordentlicher Kühnheit ist, denn in einer Sonate mußte die Fuge seinerzeit so heterogen wirken wie der Essay über den Zerfall der Werte in Brochs Roman. Das Streichquartett op. 131 ist der Gipfel architektonischer Vollkommenheit. Ich möchte Sie nur auf ein einziges Detail aufmerksam machen, von dem wir bereits gesprochen haben: auf die Verschiedenheit der Dauer. Der dritte Satz ist fünfzehnmal kürzer als der folgende Satz! Und ausgerechnet diese beiden so seltsam kurzen Sätze (der dritte und der sechste) verbinden, halten die sieben so verschiedenen Teile zusammen! Wenn alle Teile von etwa gleicher Dauer wären, würde die Einheitlichkeit zerstört. Warum? Das kann ich nicht erklären. Es ist einfach so. Sieben gleich lange Teile wären wie sieben große Schränke, die man nebeneinander aufstellte. Dazu noch ein Beispiel; die erste Schallplatte meines Lebens war Bachs Konzert für vier Klaviere nach Vivaldi. Ich war damals knapp zehn Jahre alt und vollkommen fasziniert vom zweiten Satz, dem *Largo*. Was ist an diesem Satz so außerordentlich? Die Form ist A–B–A. Thema A: ein sehr einfacher Dialog zwischen einem Klavier und dem Orchester – 70 Sekunden. Thema B: die vier Klaviere ohne Orchester, keine Melodik, einfach eine Folge von Akkorden, eine reglose Wasserfläche – 105 Sekunden. Und dann Reprise des Themas A, aber nur für ein, zwei Takte – 10 Sekunden! Stellen Sie sich vor, daß dieses *Largo* überhaupt nur aus zwei Teilen bestehen würde: A–B. Ohne diese 10 Sekunden Reprise würde einfach etwas nicht stimmen. Oder stellen Sie sich vor, das Thema A wäre ausführlich wiederaufgenommen worden: 70 Sekunden – 105 Sekunden – 70 Sekunden. Eine gräßliche Symmetrie. In der Tat mußte die Symmetrie des Schemas (A–B–A) durch radikale Asymmetrie der Dauer kompensiert werden! Was mich demnach als Kind bei diesem *Largo* entzückt hatte, war die Schönheit der Proportionen. Eine mathematische Schönheit. 70 – 105 – 10; was bedeutet:

$$10 \times 7 - 15 \times 7 - \frac{10 \times 7}{7} \; ; \text{ was bedeutet: } 2 - 3 - \frac{2}{7} \, .$$

Aber lassen wir das.

C. S.: Sie haben fast nichts gesagt über den *Abschiedswalzer*.

M. K.: Trotzdem ist mir dieser Roman in einem gewissen Sinn der liebste. *Der Abschiedswalzer* hat mir, als ich das

Buch schrieb, wie *Das Buch der lächerlichen Liebe* mehr Spaß, mehr Vergnügen gemacht als alle übrigen Bücher. Ich war dabei in einer anderen geistigen Verfassung. Und ich habe es auch viel schneller geschrieben.

C. S.: *Der Abschiedswalzer* hat nur fünf Teile.

M. K.: *Der Abschiedswalzer* beruht auf einem formalen Archetypus, der sich von meinen übrigen Romanen völlig unterscheidet. Das Buch ist absolut homogen, ohne Abschweifungen, aus einem einzigen Stoff komponiert, immer im gleichen Tempo erzählt, es ist sehr theatralisch, stilisiert und der Form des Vaudeville verpflichtet. Im *Buch der lächerlichen Liebe* steht die Novelle *Das Symposium*, es ist eine parodierende Anspielung auf Platons *Symposion* (Das Gastmahl). Lange Diskussionen über die Liebe. Dieses Symposium ist, genau wie *Der Abschiedswalzer*, als Vaudeville in fünf Akten komponiert.

C. S.: Was besagt für Sie das Wort *Vaudeville*?

M. K.: Es handelt sich um eine Form, bei der die Intrige mit ihrem ganzen Apparat unerwarteter, übertriebener Koinzidenzen von enormer Bedeutung ist. Labiche. Nichts ist seitdem in einem Roman verdächtiger, lächerlicher, veralteter und geschmackloser geworden als die Intrige mit ihren Vaudeville-Exzessen. Seit Flaubert versuchen die Romanciers die Kunstgriffe der Intrige auszuschalten, wodurch der Roman oft trister wirkt als ein ganz tristes Leben. Die ersten Romanciers haben solche Skrupel hinsichtlich der Unwahrscheinlichkeit dagegen nicht gehabt. Im ersten Buch von *Don Quijote* kommt eine Schenke irgendwo mitten in Spanien vor, wo sich rein zufällig alle treffen: Don Quijote, Sancho Pansa, ihre Freunde, der Barbier und der Priester, dann Cardenio, ein junger Mann, dem ein gewisser Don Fernando seine Verlobte Luzinde ausgespannt hat, bald darauf auch Dorothea, Don Fernandos verlassene Verlobte, und etwas später Don

Fernando selbst mit Luzinde, dann ein Offizier, der aus einem maurischen Gefängnis entkommen ist, schließlich sein Bruder, der ihn seit Jahren sucht, sowie noch seine Tochter Klara, zu guter Letzt Klaras Liebhaber, der sie verfolgt und seinerseits verfolgt wird von den Dienern seines eigenen Vaters . . . Eine Häufung von Koinzidenzen und Begegnungen, die absolut unwahrscheinlich sind. Aber bei Cervantes ist das weder Naivität noch Ungeschicklichkeit. Die damaligen Romane hatten noch keinen Pakt der Wahrscheinlichkeit mit dem Leser geschlossen. Sie wollten keine Wirklichkeit simulieren, sie wollten Vergnügen bereiten, verblüffen, überraschen, bezaubern. Sie waren *spielerisch*, und darin bestand ihre Virtuosität. Der Beginn des 19. Jahrhunderts bringt eine enorme Veränderung in der Geschichte des Romans mit sich. Ich würde sagen, fast einen Schock. Die Nachahmung des Wirklichen als Imperativ macht die Schenke von Cervantes mit einemmal lächerlich. Das 20. Jahrhundert revoltiert oft gegen das Erbe des 19. Jahrhunderts. Trotzdem ist die einfache Rückkehr zur Cervantes'schen Schenke nicht mehr möglich. Die Erfahrung des realistischen 19. Jahrhunderts hat sich zwischen sie und uns geschoben, so daß das Spiel der unwahrscheinlichen Koinzidenzen nicht mehr unschuldig sein kann. Es wird entweder absichtlich komisch, ironisch, parodierend (zum Beispiel *Die Verliese des Vatikans* oder *Ferdydurke*) oder phantastisch, traumhaft. Das ist bei Kafkas erstem Roman der Fall: *Amerika*. Lesen Sie das erste Kapitel, Karl Roßmanns ganz und gar unwahrscheinliche Begegnung mit seinem Onkel: eine Art nostalgische Erinnerung an die Cervantes'sche Schenke. Aber in diesem Roman werden die unwahrscheinlichen (oder sogar unmöglichen) Umstände mit einer solchen Genauigkeit, mit einer solchen Illusion des Wirklichen beschworen, daß man den Eindruck hat, eine Welt zu betreten, die zwar unwahrscheinlich, aber wirklicher als die Wirklichkeit sei. Halten wir das fest: Kafka hat sein erstes »surreales« Universum (in seiner ersten »Verschmelzung von Wirklichem und Traum«) durch Cervantes' Schenke, durch die Tür des Vaudeville betreten.

C. S.: Das Wort *Vaudeville* legt die Vorstellung »Unterhaltung« nahe.

M. K.: In seinen Anfängen war der große europäische Roman Unterhaltung, und alle echten Romanciers trauern dem nach! Unterhaltung schließt ja Ernsthaftigkeit nicht aus. In *Der Abschiedswalzer* fragt man sich: Verdient der Mensch überhaupt, auf dieser Erde zu leben, sollte man »den Planeten nicht aus den Klauen des Menschen befreien«? Ich habe seit jeher die äußerste Ernsthaftigkeit einer Frage mit einer äußersten formalen Leichtigkeit zu verknüpfen versucht. Und es handelt sich dabei nicht um rein artistischen Ehrgeiz. Die Verbindung einer frivolen Form mit einem ernsthaften Gegenstand enthüllt unsere Dramen (die in unseren Betten passieren und die wir auf der großen Bühne der Geschichte spielen) in ihrer schrecklichen Bedeutungslosigkeit.

C. S.: Es gibt also zwei archetypische Formen in Ihren Romanen: 1. Die polyphone Komposition, welche heterogene Elemente durch eine auf der Ziffer Sieben beruhende Architektur zusammenfaßt; 2. Die homogene, theatralische Vaudeville-Komposition, die das Unwahrscheinliche streift.

M. K.: Ich träume immer von einer großen, unerwarteten Untreue. Aber im Augenblick ist es mir nicht gelungen, der Bigamie mit diesen beiden Formen zu entkommen.

Fünfter Teil

Irgendwo, dahinter

Dichter erfinden Gedichte nicht
Irgendwo, dahinter, ist das Gedicht
Es ist da, undenkliche Zeiten,
Der Dichter entdeckt es nur.

Jan Skacel

I

Mein Freund Josef Skvorecky erzählt in einem seiner Bücher eine wahre Geschichte:

Ein Prager Ingenieur wurde zu einem wissenschaftlichen Kolloquium in London eingeladen. Er fährt hin, nimmt an der Diskussion teil und kehrt nach Prag zurück. Einige Stunden nach seiner Rückkehr schlägt er in seinem Büro *Rude Pravo* auf – die offizielle Tageszeitung der Tschechischen Partei – und liest da: Ein tschechischer Ingenieur, Delegierter bei einem Kolloquium in London, gab vor der westlichen Presse eine Erklärung ab, in der er seine sozialistische Heimat verleumdet, worauf er beschlossen hat, im Westen zu bleiben.

Eine illegale Emigration in Verbindung mit einer solchen Erklärung ist keine Bagatelle. Dafür sind zwanzig Jahre Gefängnis fällig. Der Ingenieur traut seinen Augen nicht. Doch der Artikel bezieht sich zweifellos auf ihn. Seine Sekretärin, die ins Büro kommt, erschrickt, als sie ihn sieht: Mein Gott, sagt sie, Sie sind zurückgekommen! Ich finde das recht gewagt; haben Sie denn nicht gelesen, was man über Sie geschrieben hat?

Der Ingenieur hat die Angst in den Augen seiner Sekretärin gesehen. Was soll er tun? Er läuft in die Redaktion von *Rude Pravo*. Findet dort den verantwortlichen Redakteur. Dieser entschuldigt sich, die Geschichte sei in der Tat peinlich, aber er als Redakteur habe damit nichts zu tun, er habe den Text des Artikels nämlich direkt vom Innenministerium erhalten.

Der Ingenieur verfügt sich also ins Innenministerium. Da sagt man ihm, ja, gewiß, es handle sich um einen Irrtum, aber sie im Ministerium hätten damit nichts zu tun, der Bericht über den Ingenieur sei ihnen nämlich vom Geheimdienst der Londoner Botschaft überstellt worden. Der Ingenieur fordert ein Dementi. Nein, sagt man ihm, ein Dementi komme nicht in Frage, versichert aber, ihm passiere nichts, er könne ganz ruhig sein.

Der Ingenieur ist aber nicht ruhig. Im Gegenteil, er merkt sehr bald, daß man ihn plötzlich streng überwacht, daß sein Telefon abgehört wird und daß auf der Straße jemand hinter ihm her geht. Er kann nicht mehr schlafen, hat Alpträume, und eines Tages hält er diese Spannung nicht mehr aus; er nimmt viele und tatsächliche Risiken auf sich und verläßt das Land auf illegalem Wege. Er ist somit wirklich ein Emigrant geworden.

2

Die Geschichte, die ich erzählt habe, wird man ohne zu zögern als *kafkaesk* bezeichnen. Dieser von einem künstlerischen Werk abgeleitete, ausschließlich von den Vorstellungen eines Romanciers geprägte Begriff erscheint als der einzige gemeinsame Nenner von (sowohl literarischen als auch wirklichen) Situationen, die durch kein anderes Wort zu charakterisieren sind und für die weder Politologie noch Soziologie noch Psychologie einen Schlüssel liefern.

Aber was ist eigentlich das *Kafkaeske*?

Versuchen wir, einige seiner Aspekte zu beschreiben:

Erstens:

Der Ingenieur ist mit einer Macht konfrontiert, die ihrem Charakter nach ein *unabsehbares Labyrinth* ist. Er wird nie ans Ende ihrer unendlichen Gänge gelangen, und er wird nie herausfinden, wer das verhängnisvolle Urteil formuliert hat. Er ist also in der gleichen Situation wie Josef K. gegenüber dem Gericht oder der Landvermesser K. gegenüber dem Schloß. Sie befinden sich alle drei in einer Welt, die weiter nichts ist als eine einzige riesige labyrinthische Institution, der sie sich nicht entziehen und die sie nicht begreifen können.

Romanciers vor Kafka haben die Institutionen oft als Kampfplätze entlarvt, auf denen unterschiedliche persönliche oder soziale Interessen aufeinanderprallen. Bei Kafka ist die Institution ein Mechanismus, der seinen eigenen, von irgendwem irgendwann programmierten Gesetzen gehorcht, die mit menschlichen Interessen nichts zu tun haben und daher unverständlich sind.

Zweitens:

Im fünften Kapitel des *Schlosses* legt der Vorsteher des Dorfes K. die lange Geschichte seiner Akte in allen Einzelheiten dar. In Kürze: Vor einem Dutzend Jahren ergeht seitens des Schlosses ein Vorschlag an den Bevollmächtigten des Dorfes, einen Landvermesser zu berufen. Die schriftliche Antwort des Bevollmächtigten ist negativ (niemand braucht einen Landvermesser), geht aber in einem anderen Amt verloren, und so wird dank des subtilen Spiels bürokratischer Mißverständnisse, das sich über viele Jahre erstreckt, eines Tages tatsächlich eine Einladung an K. geschickt, gerade zu dem Zeitpunkt, wo alle betroffenen Ämter im Begriff sind, den früheren, ungültig gewordenen Vorschlag zu liquidieren. K. ist also nach einer langen Reise auf Grund eines Irrtums im Dorf eingetroffen. Mehr noch: Unter der Voraussetzung, daß Schloß und

Dorf für ihn die einzige mögliche Welt sind, ist seine *ganze* Existenz nur ein Irrtum.

In Kafkas Welt ähnelt die Akte der platonischen Idee. Sie stellt die wahre Realität dar, während der Mensch in seiner physischen Existenz nur ein auf den Bildschirm der Illusionen projizierter Reflex ist. Der Landvermesser K. und der Prager Ingenieur sind in der Tat lediglich Schatten ihrer Karteikarten, ja noch viel weniger als das: Sie sind Schatten eines *Irrtums* in einer Akte, Schatten, die nicht einmal das Recht auf ihre schattenhafte Existenz haben.

Wenn aber das menschliche Leben nur ein Schatten und die eigentliche Wirklichkeit anderswo, im Unzugänglichen, Unmenschlichen und Übermenschlichen ist, gerät man plötzlich in die Zuständigkeit der Theologie. Kafkas erste Interpreten haben seine Romane denn auch als religiöse Parabeln gedeutet.

Eine solche Interpretation halte ich für falsch (weil sie dort eine Allegorie sieht, wo Kafka sich mit konkreten Situationen des menschlichen Lebens befaßt hat), aber trotzdem aufschlußreich: überall, wo die Macht sich vergottet, schafft sie automatisch eine eigene Theologie; überall, wo sie als Gott auftritt, ruft sie religiöse Gefühle wach; die Welt kann mit einem theologischen Vokabular beschrieben werden.

Kafka hat keine religiösen Allegorien geschrieben, aber das *Kafkaeske* ist (in der Realität wie in der Fiktion) nicht zu trennen von seinem theologischen (oder vielmehr *pseudotheologischen*) Aspekt.

Drittens:

Raskolnikow kann die Last seiner Schuld nicht ertragen und bejaht die Bestrafung, um Frieden zu finden. Es ist die wohlbekannte Situation, in der *die Schuld die Strafe sucht.*

Bei Kafka ist diese Logik umgedreht. Derjenige, der

bestraft wird, kennt den Grund der Bestrafung nicht. Die Absurdität der Strafe ist so unerträglich, daß der Angeklagte, um Frieden zu finden, nach einer Rechtfertigung für die Züchtigung sucht: *Die Strafe sucht die Schuld.*

Der Prager Ingenieur wird durch intensive polizeiliche Überwachung bestraft. Diese Strafe schreit nach einem Verbrechen, das nicht begangen wurde, und der Ingenieur, den man der Emigration beschuldigt hat, emigriert dann tatsächlich. *Die Strafe hat endlich die Schuld gefunden.*

Da K. nicht weiß, wessen er angeklagt ist, entschließt er sich im siebten Kapitel des *Prozesses*, sein ganzes Leben, seine ganze Vergangenheit »in den kleinsten Handlungen und Ereignissen« zu überprüfen. Die Maschine der »Selbstbeschuldigung« ist angelaufen. *Der Angeklagte sucht nach seiner Schuld.*

Eines Tages erhält Amalia von einem Beamten des Schlosses einen obszönen Brief. Sie zerreißt ihn empört. Das Schloß braucht ihr gewagtes Verhalten nicht einmal zu tadeln. Die Angst (die der Ingenieur ja auch in den Augen seiner Sekretärin gesehen hat) wirkt von selbst. Ohne irgendeinen Befehl, ohne irgendein wahrnehmbares Zeichen seitens des Schlosses, wird Amalias Familie von jedermann gemieden, als hätte sie die Pest. Amalias Vater will seine Familie verteidigen. Aber es gibt eine Schwierigkeit: nicht nur ist der Urheber des Urteils unauffindbar, es gibt überhaupt kein Urteil! Um Berufung einlegen, um ein Gnadengesuch einreichen zu können, hätte man zuvor beschuldigt werden müssen! Der Vater fleht das Schloß an, die Schuld festzustellen. Man untertreibt also, wenn man sagt, die Strafe suche die Schuld. In dieser pseudotheologischen Welt *fleht der Bestrafte darum, man möge ihn für schuldig erkennen!*

Es geschieht oft, daß heute ein in Ungnade gefallener Prager keinerlei Arbeit mehr findet. Er bemüht sich umsonst um eine Bescheinigung, die feststellt, er habe sich etwas zuschulden kommen lassen und dürfe deshalb nicht angestellt werden. Das Urteil ist unauffindbar. Und da in Prag Arbeit gesetzlich vorgeschrieben ist, wird er schließlich des Parasitismus bezichtigt, was bedeutet, daß er für schuldig befunden wird, sich der Arbeit zu entziehen. *Die Strafe findet ihre Schuld.*

Viertens:

Die Geschichte des Prager Ingenieurs klingt lustig, wie ein Witz, sie reizt zum Lachen.

Zwei unauffällige Herren (keine »Inspektoren«, wie die französische Übersetzung insinuiert) überraschen Josef K. eines Morgens im Bett, erklären ihm, er sei verhaftet, und essen ihm sein Frühstück weg. K., ein sehr disziplinierter Beamter, weist sie nicht etwa aus der Wohnung, sondern beginnt sich, mit einem Nachthemd bekleidet, wortreich zu verteidigen. Als Kafka seinen Freunden das erste Kapitel des *Prozesses* vorlas, lachten alle, er selber auch.

Philip Roth träumt von einem nach *Das Schloß* gedrehten Film: Er stellt sich Groucho Marx in der Rolle des Landvermessers K. und Chico und Harpo in den Rollen der beiden Gehilfen vor. Ja, er hat damit ganz recht: Das Komische ist vom Wesen des *Kafkaesken* nicht zu trennen.

Doch für den Ingenieur dürfte es kaum eine Erleichterung sein, daß seine Geschichte komisch ist. Er ist im Witz seines eigenen Lebens gefangen wie ein Fisch im Aquarium; ihm kommt das gar nicht komisch vor. In der Tat ist ein Witz ja nur für diejenigen komisch, die sich *außerhalb* des Aquariums befinden; das *Kafkaeske* führt indessen ins Innere, in die Eingeweide des Witzes, *ins Schreckliche des Komischen.*

In der Welt des *Kafkaesken* bildet das Komische keinen Kontrapunkt zum Tragischen (kein Tragikomisches) wie bei Shakespeare; es ist nicht da, um das Tragische durch eine Leichtigkeit des Tons erträglicher machen; es *begleitet* das Tragische nicht, sondern *erstickt es im Keime* und beraubt damit die Opfer des einzigen Trostes, der ihnen noch bliebe: der (tatsächlichen oder scheinbaren) Größe der Tragödie. Der Ingenieur hat sein Vaterland verloren, und alle Zuschauer lachen.

3

Es gibt in der modernen Geschichte Perioden, in denen das Leben den Romanen Kafkas ähnelt.

Wie oft habe ich, als ich noch in Prag lebte, gehört, daß das Sekretariat der Partei (ein häßliches, ziemlich modernes Gebäude) das »Schloß« genannt wurde. Wie oft habe ich auch erlebt, daß die Nummer zwei der Partei (ein gewisser Genosse Hendrych) mit dem Beinamen »Klamm« bedacht wurde (was um so schöner war, als »klam« im Tschechischen »Trugbild« oder »Betrug« bedeutet).

A., eine bekannte kommunistische Persönlichkeit, wurde anläßlich eines stalinistischen Prozesses in den fünfziger Jahren zu Gefängnis verurteilt. In der Zelle schrieb er die Gedichte, in denen er sich trotz der schrecklichen Dinge, die man ihm angetan hatte, zum Kommunismus bekennt. Und zwar nicht aus Feigheit. Er faßte dieses Treuebekenntnis (Treuebekenntnis zu seinen Henkern) als Zeichen der Tapferkeit, der Rechtschaffenheit auf. Meine Prager Freunde, die diesen Gedichtband lasen, nannten ihn mit schöner Ironie *Josef K.'s Dankbarkeit.*

Die Bilder, die Situationen und sogar gewisse Sätze in den Kafkaschen Romanen waren Teil des Prager Lebens.

Man wäre demnach versucht zu folgern: Kafkas Bilder sind in Prag lebendig, weil sie eine Antizipation der totalitären Gesellschaft darstellen.

Eine solche Behauptung bedarf jedoch der Korrektur: Das *Kafkaeske* ist kein soziologischer oder politologischer Begriff. Man hat zwar versucht, Kafkas Romane als Kritik an der Industriegesellschaft, an der Ausbeutung, an der Entfremdung, an der bourgeoisen Moral, kurz, am Kapitalismus zu deuten. Aber in Kafkas Welt findet sich fast nichts von dem, was den Kapitalismus ausmacht: weder das Geld und seine Macht, der Handel, der Besitz und die Besitzenden noch der Klassenkampf.

Das *Kafkaeske* trifft auch nicht auf die Definition des Totalitarismus zu. In Kafkas Romanen kommen weder die Partei vor noch die Ideologie mitsamt ihrem Vokabular, noch die Politik, die Polizei und die Armee.

Man könnte vielmehr sagen, das *Kafkaeske* stelle eine elementare Möglichkeit des Menschen und seiner Welt dar, eine historisch nicht determinierte Möglichkeit, die den Menschen gleichsam ewig begleitet.

Aber eine solche Präzisierung ist noch keine Lösung der Frage, wieso in Prag Kafkas Romane ins Leben übergehen, während sie in Paris als hermetischer Ausdruck einer lediglich subjektiven Welt des Autors verstanden werden. Will das heißen, daß diese Virtualität des Menschen und seiner Welt, die man *kafkaesk* nennt, sich in Prag eher in konkretes Schicksal verwandelt als in Paris?

Es gibt in der modernen Geschichte Tendenzen, die das *Kafkaeske* in einem großen sozialen Rahmen verwirklichen: die fortschreitende Konzentration einer sich selbst vergottenden Macht, die Bürokratisierung der gesellschaftlichen Aktivität, welche alle Institutionen in *unabsehbare Labyrinthe* verwandelt, und schließlich, als Folge davon, die Entpersönlichung des Individuums.

In den totalitären Staaten, wo diese Tendenzen in extremem Maße auftreten, ist die enge Beziehung der Kafkaschen Romane und des realen Lebens augenfällig geworden. Man übersieht im Westen diesen Zusammenhang nicht nur deshalb, weil die sogenannte demokratische Gesellschaft weniger kafkaesk wäre als die heutige Prager Gesellschaft, sondern auch, so scheint mir, weil hier der Sinn für die Wirklichkeit in verhängnisvoller Weise abhanden gekommen ist.

Denn die sogenannte demokratische Gesellschaft kennt den Prozeß der Entpersönlichung und Bürokratisierung ja gleichfalls; der ganze Planet ist die Bühne, auf der er sich abspielt. Kafkas Romane sind eine traumhaft-phantastische Hyperbel, der totalitäre Staat ist eine prosaische, materielle Hyperbel dieses Prozesses.

Aber warum hat gerade Kafka solche Tendenzen, die auf der Bühne der Geschichte in ihrer ganzen Deutlichkeit und Brutalität doch erst nach seinem Tode in Erscheinung getreten sind, als erster Romancier erkannt?

4

Wer nicht Mystifikationen und Legenden auf den Leim geht, findet bei Franz Kafka keine wesentliche Spur politischer Interessen; in dieser Hinsicht unterscheidet er sich von allen seinen Prager Freunden, von Max Brod, Franz Werfel, Egon Erwin Kisch sowie jenen Avantgardisten, die den Gang der Geschichte zu kennen glaubten und mit Vorliebe das Gesicht der Zukunft beschworen.

Wie kommt es also, daß nicht *ihr* Werk, sondern das ihres einsamen, introvertierten, auf sein eigenes Leben und die Kunst konzentrierten Gefährten heute als sozio-politische Prophezeiung betrachtet wird und deshalb auf einem großen Teil des Planeten verboten ist?

An dieses Rätsel dachte ich, als ich eines Tages in der Wohnung einer alten Freundin Zeuge einer kleinen Szene wurde. Die Frau war während der stalinistischen Prozesse in Prag im Jahre 1951 verhaftet und für Verbrechen verurteilt worden, die sie nicht begangen hatte. Übrigens befanden sich Hunderte von Kommunisten zu diesem Zeitpunkt in der gleichen Situation wie sie. Sie hatten sich zeit ihres Lebens vollkommen mit der Partei identifiziert. Als diese dann plötzlich als Ankläger gegen sie auftrat, waren sie wie Josef K. bereit, ihr ganzes vergangenes Leben »in den kleinsten Handlungen und Ereignissen« zu überprüfen, um die verborgene Schuld zu finden und imaginäre Verbrechen zu gestehen. Meiner Freundin gelang es, ihr Leben zu retten, denn sie lehnte es dank ihres außerordentlichen Mutes ab, sich wie ihre Genossen, wie der Dichter A., auf die »Suche nach ihrer Schuld« zu begeben. Da sie sich geweigert hatte, ihren Henkern zu helfen, war sie für das Spektakel des Schlußprozesses nicht zu gebrauchen. Sie wurde deshalb nicht gehenkt, sondern lediglich zu lebenslänglichem Gefängnis verurteilt. Fünfzehn Jahre später wurde sie vollkommen rehabilitiert und freigelassen.

Als diese Frau verhaftet wurde, war ihr Kind ein Jahr alt. Sie fand nach ihrer Entlassung also einen sechzehnjährigen Sohn vor, und sie hat das Glück, mit ihm in einer bescheidenen Zweisamkeit zu leben. Es ist begreiflich, daß sie leidenschaftlich an ihm hing. Der Sohn war schon sechsundzwanzig Jahre alt, als ich sie eines Tages besuchte. Die Mutter war gekränkt und verärgert und weinte. Der Grund war ganz und gar bedeutungslos: Ihr Sohn war am Morgen zu spät aufgestanden, oder so ähnlich. Ich sagte zu der Mutter: »Warum regst du dich wegen dieser Bagatelle auf? Deswegen weint man doch nicht! Du übertreibst!«

Da antwortete mir an Stelle der Mutter ihr Sohn: »Nein, meine Mutter übertreibt nicht. Meine Mutter ist eine außerordentliche, mutige Frau. Sie hat Widerstand geleistet, wo jedermann gescheitert ist. Sie möchte, daß ich ein Ehrenmann werde. Es stimmt ja, ich bin zu spät aufgestanden, aber was mir meine Mutter vorwirft, liegt tiefer. Nämlich meine Haltung. Meine egoistische Haltung. Ich will aber so werden, wie meine Mutter mich haben will. Und ich verspreche ihr das vor dir.«

Was der Partei bei der Mutter nie gelang, gelang der Mutter bei ihrem Sohn. Sie hatte ihn gezwungen, sich mit der absurden Anschuldigung zu identifizieren, seine »Schuld zu suchen«, ein öffentliches Geständnis abzulegen. Ich sah diese Szene eines stalinistischen Mini-Prozesses betroffen mit an und begriff plötzlich, daß die psychologischen Mechanismen, die bei (scheinbar unerhörten und unmenschlichen) historischen Ereignissen wirksam werden, dieselben sind, die auch in den (ganz banalen allzu menschlichen) Situationen im privaten Bereich funktionieren.

5

Der berühmte Brief an den Vater, den Kafka nie abgeschickt hat, zeigt zur Genüge, daß die Familie, die Beziehung zwischen Kind und vergotteter Macht der Eltern, Erfahrungshintergrund jener *Technik der Beschuldigung (culpabilisation)* war, die eines der großen Themen seiner Romane geworden ist. In *Das Urteil*, einer Erzählung, die von den familiären Beziehungen des Autors unmittelbar geprägt ist, klagt der Vater seinen Sohn an und befiehlt ihm, sich zu ertränken. Der Sohn akzeptiert seine eingebildete Schuld und stürzt sich in den Fluß, so fügsam wie später sein von einer mysteriösen Organisation beschuldigter Nachfolger Josef K., der sich abstechen läßt. Die

Ähnlichkeit der beiden Anklagen, der beiden Selbstbeschuldigungen, der beiden Hinrichtungen zeigt die Kontinuität in Kafkas Werk zwischen dem intimen, familiären »Totalitarismus« und den großen Kafkaschen Visionen.

Die totalitäre Gesellschaft, insbesondere in ihren extremen Formen, möchte die Grenze zwischen »öffentlich« und »privat« abschaffen; die Macht, die selbst immer undurchsichtiger wird, verlangt vom Staatsbürger, daß sein Leben so durchsichtig wie möglich sei. Dieses Ideal eines *Lebens ohne Geheimnis* entspricht dem einer beispielhaften Familie: Der Staatsbürger hat, wie ein Kind vor Vater und Mutter, nicht das Recht, irgend etwas vor der Partei oder dem Staat zu verheimlichen. Totalitäre Gesellschaften stellen in ihrer Propaganda ein idyllisches Lächeln zur Schau: Sie möchten als eine »einzige große Familie« erscheinen.

Es wird sehr oft behauptet, Kafkas Romane seien Ausdruck eines leidenschaftlichen Verlangens nach Gemeinschaft und menschlichem Kontakt; K., eine entwurzelte Existenz, strebe nur das eine Ziel an: den Fluch des Alleinseins zu überwinden. Eine solche Interpretation ist nicht nur ein Klischee, eine Einschränkung des Sinngehaltes, sondern Verkehrung des Sinnes in sein Gegenteil.

Der Landvermesser K. ist ganz und gar nicht auf der Suche nach menschlicher Wärme, er möchte nicht, wie Orestes bei Sartre, »Mensch unter Menschen« sein; er will nicht von einem Gemeinwesen, sondern von einer Institution anerkannt werden. Um das zu erreichen, muß er schwer dafür bezahlen: Er muß auf sein Alleinsein verzichten. Gerade das ist seine Hölle: Er ist nie allein, die beiden Gehilfen, die ihm vom Schloß geschickt worden sind, folgen ihm ununterbrochen. Sie sind bei seinem ersten Liebesakt mit Frieda dabei, sitzen über den Liebenden auf der Theke des Wirtshauses und verlassen die beiden von diesem Augenblick an auch nicht in ihrem Bett.

Nicht der Fluch des Alleinseins, sondern das *vergewaltigte Alleinsein* ist Kafkas Obsession!

Karl Roßmann wird ständig von jemandem behelligt: Man verhökert seine Kleidung, stiehlt ihm die einzige Fotografie seiner Eltern; im Schlafsaal veranstalten die Liftjungen Boxkämpfe neben seinem Bett, wobei ab und zu einer über ihn stolpert; Robinson und Delamarche, zwei Strolche, halten ihn in ihrer Wohnung fest, und das Seufzen der dicken Brunelda dringt bis in seinen Schlaf.

Auch Josef K.'s Geschichte beginnt mit der Vergewaltigung seiner Intimsphäre: Zwei unbekannte Herren verhaften ihn in seinem Bett. Von diesem Tage an hat er nie mehr das Gefühl, allein zu sein: Das Gericht ist hinter ihm her, beobachtet ihn und spricht mit ihm. Bald hat er kein Privatleben mehr; es wird von der geheimnisvollen Organisation, die ihn verfolgt, absorbiert.

Jene lyrischen Seelen, die zu gern die Abschaffung des Geheimen und die Transparenz des Privatlebens predigen, legen sich keine Rechenschaft darüber ab, welche Entwicklung sie einleiten. Der Ausgangspunkt des Totalitarismus gleicht demjenigen des *Prozesses*: Man überrascht Sie in Ihrem Bett. Jemand kommt an Ihr Bett wie früher Ihr Vater oder Ihre Mutter.

Man fragt sich manchmal, ob Kafkas Romane Projektionen ganz persönlicher, privater Konflikte des Autors oder Beschreibung einer objektiven »sozialen Maschine« seien.

Das *Kafkaeske* beschränkt sich weder auf die Intimsphäre noch auf den öffentlichen Bereich; es schließt sie beide ein. Das Öffentliche ist Abbild des Privaten, im Privaten spiegelt sich Öffentliches.

Wenn ich die mikrosozialen Praktiken erwähnte, die das *Kafkaeske* hervorbringen, hatte ich an die Familie, aber auch an die Organisation gedacht, der Kafka als Erwachsener sein ganzes Leben lang angehört hat: ans Büro.

Man möchte Kafkas Helden oft als allegorische Projektionen des Intellektuellen deuten, aber Gregor Samsa hat nichts von einem Intellektuellen. Als er erwacht und sich in eine Küchenschabe verwandelt sieht, hat er nur *eine* Sorge: Wie es ihm in diesem neuen Zustand gelinge, rechtzeitig ins Büro zu kommen. Er hat nichts weiter im Kopf als den Gehorsam und die Disziplin, die ihm im Laufe seines Berufslebens beigebracht worden sind: Wie alle Kafkaschen Figuren ist er ein Angestellter, *ein Beamter*, der nicht als soziologischer Typus angelegt ist (das wäre bei Zola der Fall gewesen), sondern als menschliche Möglichkeit, als Haltung, als Weltanschauung verstanden werden soll.

In der bürokratischen Welt des Beamten gibt es *erstens* keine Initiative, keinen Einfall, keine Handlungsfreiheit; es gibt lediglich Anweisungen und Regeln: *Das Amt ist die Welt des Gehorsams.*

Zweitens befaßt sich der Beamte nur mit einem kleinen Teil eines großen administrativen Vorganges, dessen Zweck und Horizont er nicht absehen kann; *das Amt ist die Welt, in der die Gesten mechanisch geworden sind*, und die Menschen den Sinn dessen, was sie tun, nicht kennen.

Und *drittens* hat der Beamte nur mit Unbekannten und mit Akten zu tun: *Es ist die Welt des Abstrakten.*

Einen Roman in dieser Welt des Gehorsams, des Mechanischen und Abstrakten anzusiedeln, wo das einzige menschliche Abenteuer darin besteht, von einem Büro ins andere zu gehen, scheint dem Wesen der epischen Dichtung geradezu entgegengesetzt zu sein. Daher die Frage: Wie ist es Kafka gelungen, aus diesem grauen, unpoetischen Stoff faszinierende Romane zu schaffen?

Die Antwort findet sich in einem Brief an Milena: ». . . das Bureau ist doch nicht irgendeine beliebige dumme Einrichtung . . . es ist mehr phantastisch als dumm«. Der Satz birgt eines der größten Geheimnisse Kafkas. Er hat erkannt, was sonst niemand sah: Nicht nur die kapitale Bedeutung, die das Phänomen des Bürokratismus für den Menschen, für seine gesellschaftliche Stellung und für seine Zukunft hat, sondern auch (und das ist noch überraschender) die poetische Virtualität, die im gespenstischen Charakter des Amtes beschlossen liegt.

Aber was bedeutet: Das Büro ist phantastisch?

Der Prager Ingenieur würde das verstehen: Ein Irrtum in seinen Akten hat ihn nach London projiziert; in Prag ist er dann wirklich wie ein *Gespenst* herumgeirrt, auf der Suche nach dem *verlorenen Körper*, wobei ihm die Büros, in denen er vorsprach, wie ein *unabsehbares Labyrinth* vorkamen, das einer unbekannten *Mythologie* entstammt.

Dank des Phantastischen, das er in der Welt der Bürokratie wahrzunehmen vermochte, ist Kafka etwas gelungen, was vor ihm undenkbar war: Den zutiefst unpoetischen Stoff einer extrem bürokratisierten Gesellschaft in große Romandichtung umzusetzen; die extrem banale Geschichte eines Mannes, dem man einen in Aussicht gestellten Posten verweigert (das ist im Grunde die Fabel des *Schlosses*), in einen Mythos, in eine Epopöe, in nie gesehene Schönheit zu verwandeln.

Durch die Ausweitung der Binnenwelt des Amtes zum gigantischen Universum gelangte Kafka, ohne es zu ahnen, zu jenem Bild, das uns fasziniert durch seine Ähnlichkeit mit der Gesellschaft des heutigen Prag, (die er nicht mehr kennengelernt hat).

Im Grunde genommen ist ein totalitärer Staat nichts weiter als eine einzige gigantische Verwaltung: In Anbetracht dessen, daß da alle Arbeit verstaatlicht ist, sind alle Berufstätigen zu *Beamten* geworden. Ein Arbeiter ist nicht mehr Arbeiter, ein Richter nicht mehr Richter, ein Kaufmann nicht mehr Kaufmann, ein Priester nicht mehr Priester, sie sind allesamt Staatsbeamte. »Ich gehöre also zum Gericht«, sagt der Geistliche im Dom zu Josef. Auch die Advokaten stehen bei Kafka im Dienste des Gerichtes. Ein Prager von heute wundert sich keineswegs darüber. Er würde auch nicht besser verteidigt als K. Auch dort stehen die Advokaten nicht im Dienste des Angeklagten, sondern des Gerichtes.

7

In einem Zyklus von hundert Vierzeilern, die mit fast kindlicher Einfalt ganz Ernstes, ganz Komplexes ergründen, schreibt der große tschechische Dichter Jan Skacel:

> *Dichter erfinden Gedichte nicht*
> *Irgendwo dahinter ist das Gedicht*
> *Es ist da, undenkliche Zeiten,*
> *Der Dichter entdeckt es nur.*

Für den Dichter bedeutet Schreiben also, eine Wand zu durchstoßen, hinter der im Schatten etwas Unwandelbares (»das Gedicht«) verborgen ist. Deshalb (dank dieser plötzlichen Enthüllung) wirkt »das Gedicht« auf uns zunächst wie eine *Blendung*.

Ich habe *Das Schloß* mit vierzehn Jahren zum ersten Mal gelesen, und nie wieder wird mich dieses Buch in solchem Maße verzaubern, obwohl ich seine tiefschürfenden Erkenntnisse (die ganze reale Tragweite des *Kafkaesken*) damals nicht verstand: ich war geblendet.

Später haben meine Augen sich an das Licht des »Gedichtes« gewöhnt, und ich erkannte nach und nach in dem, was mich blendete, mein selbsterlebtes Leben; das Licht ist aber nicht erloschen.

»Das Gedicht« erwartet uns, sagt Jan Skacel, unwandelbar, »undenkliche Zeiten«. Ist aber ein Unwandelbares in unserer Welt ununterbrochener Veränderungen nicht pure Illusion?

Nein. Jede Situation wird vom Menschen geschaffen und kann nur beinhalten, was er schon in sich trägt; es ist also vorstellbar, daß sie (mitsamt ihrer Metaphysik) als Virtualität des Menschen »undenkliche Zeiten« bereits vorhanden war.

Doch was ist dann für den Dichter die Geschichte (das Nicht-Unwandelbare)?

In den Augen des Dichters kommt der Geschichte, seltsam genug, eine Funktion zu, die seiner eigenen entspricht: Sie *erfindet* nicht, sie *entdeckt*. Durch Situationen, die noch nicht dagewesen sind, enthüllt sie, was der Mensch ist, was »undenkliche Zeiten« in ihm ruht, enthüllt sie seine Möglichkeiten.

Wenn das »Gedicht« schon da ist, wäre es unlogisch, dem Dichter Fähigkeit des *Vorhersehens* zuzuschreiben; nein, er »entdeckt nur« eine menschliche Möglichkeit (dieses »Gedicht«, das »undenkliche Zeiten« da ist), die dann eines Tages auch von der Geschichte entdeckt wird.

Kafka hat nicht prophezeit. Er hat einfach gesehen, was »dahinter« war. Ohne zu wissen, daß sein Sehen auch Voraus-Sehen war. Es ging ihm nicht darum, ein Gesellschaftssystem zu entlarven. Er hat Mechanismen sichtbar gemacht, die er aus der privaten und mikrosozialen Praxis des Menschen kannte, ohne zu ahnen, daß die spätere

Entwicklung der Geschichte diese auf ihrer großen Bühne in Szene setzen sollte.

Der hypnotische Blick der Macht, die verzweifelte Suche nach der eigenen Schuld, der Ausschluß und die Angst, ausgeschlossen zu werden, die Verdammung zum Konformismus, der gespenstische Charakter des Wirklichen und die magische Realität der Akte, die ständige Vergewaltigung des Privatlebens usw., alle diese Experimente, die die Geschichte in ihren ungeheuren Reagenzgläsern mit dem Menschen vorgenommen hat, sind in Kafkas Romanen (ein paar Jahre zuvor) Wirklichkeit geworden.

Die Begegnung der realen Welt totalitärer Staaten und des Kafkaschen »Gedichtes« wird immer etwas Geheimnisvolles haben; sie wird Beleg dafür sein, daß der poetische Akt seinem Wesen nach unkalkulierbar ist; und auch paradox: Die enorme gesellschaftliche, politische, »prophetische« Tragweite der Kafkaschen Romane beruht gerade darauf, daß sie »nicht-engagiert« sind, beruht auf ihrer völligen Autonomie gegenüber allen politischen Programmen, ideologischen Begriffen und futurologischen Prognosen.

Wenn sich der Dichter, statt »das Gedicht« zu suchen, das »irgendwo dahinter« verborgen ist, dahingehend »engagiert«, mit einer im voraus feststehenden Wahrheit (die sich von selbst anbietet, die »davor« ist) aufzuwarten, verzichtet er auf die der Poesie eigene Mission. Und es spielt dabei kaum eine Rolle, ob die vorausgesetzte Wahrheit Revolution oder Dissidenz, christlicher Glaube oder Atheismus heißt und ob sie mehr oder weniger richtig ist; der Dichter, der sich in den Dienst einer anderen Wahrheit als der *zu entdeckenden* stellt (die *Blendung* bedeutet), ist kein echter Dichter.

Wenn ich so inbrünstig auf dem Erbe Kafkas bestehe,

wenn ich es als mein persönliches Erbe verteidige, dann nicht etwa, weil ich es für zweckdienlich hielte, Unnachahmliches nachzuahmen (und einmal mehr das *Kafkaeske* zu entdecken), sondern weil es sich um ein phänomenales Beispiel *radikaler Autonomie* des Romans (der Dichtung, die Roman ist) handelt. Ihr verdanken wir es, daß Franz Kafka über unsere *conditio humana* (wie sie in unserem Jahrhundert sichtbar wird) sagen konnte, was uns keine soziologische oder politologische Überlegung wird sagen können.

Sechster Teil

Einundsechzig Wörter

In den Jahren 1968 und 1969 wurde Der Scherz *in alle abendländischen Sprachen übersetzt. Aber welche Überraschungen! In Frankreich schrieb der Übersetzer den Roman gewissermaßen um und versah meinen Stil mit Ausschmückungen. In England strich der Verleger alle reflektierenden Abschnitte, ließ die musikwissenschaftlichen Kapitel beiseite, veränderte die Reihenfolge der Teile und stellte den Roman anders zusammen. Ein anderes Land. Ich treffe meinen Übersetzer: Er kann kein einziges Wort Tschechisch. »Wie haben Sie denn übersetzt?« Er antwortet: »Mit meinem Herzen«, zieht ein Foto von mir aus der Brieftasche und zeigt es mir. Er war so sympathisch, daß ich fast geneigt war, zu glauben, daß man tatsächlich dank einer Telepathie des Herzens übersetzen könne. Es war natürlich einfacher: Er hatte nach dem französischen* rewriting *übersetzt, der argentinische Übersetzer übrigens gleichfalls. Ein anderes Land: Da wurde aus dem Tschechischen übersetzt. Ich schlage das Buch zufällig bei Helenas Monolog auf. Die langen Sätze, die bei mir jeweils einen ganzen Abschnitt einnehmen, sind in viele ganz einfache Sätze aufgeteilt . . . Der durch die Übersetzungen von* Der Scherz *verursachte Schock hat mich für immer geprägt. Glücklicherweise bin ich später treuen Übersetzern begegnet, aber leider auch weniger treuen . . . Und trotzdem, da ich praktisch kein tschechisches Publikum mehr habe, repräsentieren die Übersetzungen für mich* alles. *Deshalb habe ich mich vor einigen Jahren entschlossen, endlich Ordnung in die fremdsprachigen Ausgaben meiner Bücher hineinzubringen. Das ging nicht ohne Konflikte und Mühsal ab: Die Lektüre, die Durchsicht, die Revision meiner alten und neuen Romane in den drei oder vier Fremdsprachen, die ich lesen kann, haben eine ganze Periode meines Lebens mit Beschlag belegt . . .*

Der Autor, der sich die Mühe macht, die Übersetzungen seiner

Romane zu überwachen, rennt wie ein Hirte hinter einer Herde
wilder Schafe zahllosen Wörtern hinterher; eine triste Figur selbst
in seinen eigenen Augen und erst recht lächerlich für andere. Ich habe
den Verdacht, daß mein Freund Pierre Nora, der die Zeitschrift Le
Débat *herausgibt, den traurig-komischen Aspekt dieser meiner*
Hirtenexistenz erfaßt hat. Eines Tages sagte er mir mit kaum
verhülltem Mitgefühl: »*Vergiß endlich deine Qualen und schreib*
lieber etwas für mich. Die Übersetzungen haben dich gezwungen,
über alle deine Worte nachzudenken. Schreib also dein persönliches
Wörterbuch. Ein Wörterbuch deiner Romane. Deine Schlüssel-
worte, deine Problemworte, deine Lieblingsworte . . .«
    Das habe ich dann eben gemacht.

ALTER. »Der alte Wissenschaftler beobachtete die lär-
mende Jugend, und ihm fiel ein, daß er als einziger in
diesem Saal das Privilegium der Freiheit besaß, weil er alt
war; erst wenn ein Mensch alt ist, braucht er sich um die
Meinung der Menge, um die Meinung des Publikums und
um die Zukunft nicht mehr zu kümmern. Er ist allein mit
seinem baldigen Tod, der nicht Ohren noch Augen hat,
dem er also nicht zu gefallen braucht; er kann tun und
reden, wie es ihm beliebt« *(Das Leben ist anderswo)*. Rem-
brandt und Picasso. Bruckner und Janáček. Der Bach der
Kunst der Fuge.

APHORISMUS. Von griechisch *aphorismos* abgeleitet, was
»Definition« bedeutet. Aphorismus: poetische Form der
Definition. (Vgl. DEFINITION.)

DEFINITION. Das meditative Gewebe des Romans wird
durch die Armierung einiger abstrakter Wörter gestützt.
Wenn ich vermeiden will, in der Unbestimmtheit unterzu-
gehen, wo jedermann, ohne daß er etwas versteht, alles
zu verstehen glaubt, muß ich diese Worte nicht nur mit

äußerster Präzision wählen, ich muß sie auch immer und immer wieder definieren. (Vgl. Dummheit, Schicksal, Grenze, Leichtigkeit, Lyrik, Verraten.) Ein Roman ist meiner Meinung nach oft nur eine lange Suche nach einigen schwer zu fassenden Definitionen.

Dummheit. »Ungefähr ein Jahr vor dem Tod des Vaters machten wir den üblichen Spaziergang um einen Häuserblock. An allen Ecken waren Lautsprecher angebracht, aus denen Lieder erklangen. Je trauriger die Menschen sind, desto mehr wird ihnen aufgespielt [. . .]. Der Vater blieb stehen, schaute zu einem der Lautsprecher hinauf, aus denen das Geplärre kam, und ich sah ihm an, daß er mir etwas Wichtiges mitteilen wollte. Er konzentrierte sich, strengte sich an, um aussprechen zu können, was ihm in den Sinn gekommen war; dann sagte er mühsam ›Die Dummheit der Musik‹« *(Das Buch vom Lachen und vom Vergessen)*.

Mein französischer Übersetzer und ich selbst optierten zuerst für »die Idiotie der Musik!«. Aber »Idiotie« ist ein aggressives, emotionales, beleidigendes Wort. Man muß sagen: die Dummheit. Das ist eine genaue, nicht emotionale Feststellung, die im übrigen durch die Sätze, die auf die Worte meines Vaters folgen, erklärt wird: »Ich glaube, er wollte mir sagen, daß es einen *ursprünglichen Zustand der Musik* gibt, einen Zustand, der ihrer Geschichte vorausging, den Zustand vorm Stellen der ersten Frage, den Zustand vorm ersten Nachsinnen, vorm Beginn des Spiels mit Motiven und Themen. In diesem Grundzustand der Musik (der Musik ohne Denken) wird die substantielle Dummheit des menschlichen Seins sichtbar.«

Es gibt Sprachen, in denen das Wort »Dummheit« nur durch aggressive Worte zu übersetzen ist: Schwachsinn, Blödheit, Idiotie usw. Als ob die Dummheit etwas Außergewöhnliches wäre, ein Versagen, eine Anomalität und nicht »der substantielle Zustand des menschlichen Seins«.

ELITÄR. Das Wort *élitisme* erscheint in Frankreich erst im Jahre 1967, das Wort *elitär* (élitiste) im Jahre 1968. Zum ersten Mal in der Geschichte wird durch die Sprache selbst ein negatives oder sogar verächtliches Licht auf den Begriff der Elite geworfen.

Die offizielle Propaganda in den kommunistischen Ländern hat im gleichen Augenblick begonnen, das Elitäre und die Elitären zu geißeln. Mit diesen Worten wollte sie nicht Leiter der Industrie, berühmte Sportler oder Politiker treffen, sondern einzig und allein die kulturelle Elite, Philosophen, Schriftsteller, Professoren, Historiker, Filmemacher und Theaterleute.

Eine erstaunliche zeitliche Übereinstimmung. Sie vermittelt den Eindruck, die kulturelle Elite in ganz Europa trete ihren Platz allmählich an andere Eliten ab. Dort: an die Elite des Polizeiapparates. Hier: an die Elite des Apparates der Massenmedien. Diesen neuen Eliten wird niemand vorwerfen, sie seien elitär. Also wird das Wort *elitär* bald in Vergessenheit geraten. (Vgl. EUROPA.)

ERREGUNG. Nicht Lust, Genuß, Gefühl, Leidenschaft. Die Erregung ist Grundlage der Erotik, ihr tiefstes Rätsel, ihr Schlüsselwort.

EUROPA. Im Mittelalter beruhte die europäische Einheit auf der gemeinsamen Religion. Diese trat in der Neuzeit ihren Platz an die Kultur (an die kulturelle Schöpfung) ab, die zu einer Verwirklichung der höchsten Werte führte, kraft derer die Europäer sich erkannten, definierten, mit der sie sich identifizierten. Heute tritt die Kultur ihrerseits ihren Platz ab. Aber was und wer tritt an ihre Stelle? In welchem Bereich werden sich die höchsten Werte, die Europa vereinen könnten, verwirklichen? Die technischen Leistungen? Der Markt? Die Politik mit ihrem demokratischen Ideal, dem Prinzip der Toleranz? Aber wird diese Toleranz, wenn sie der fruchtbaren Schöpfung und intelligentem Denken keinen Schutz mehr gewährt, nicht leer und unnütz? Oder ist die Abdankung der Kultur als eine Art Befreiung zu verstehen, der man sich euphorisch überlassen sollte? Ich weiß es nicht. Mir scheint nur, daß die Kultur ihren Platz schon abgetreten hat. Damit rückt das Bild einer europäischen Identität in die Vergangenheit. Ein Europäer: wer nach Europa Heimweh hat.

FLÜSSIG. Chopin beschreibt in einem Brief seinen Aufenthalt in England. Er gibt Konzerte in den Salons, und die Damen bringen ihr Entzücken mit immer dem gleichen Satz zum Ausdruck: »Oh, wie schön das ist! So flüssig, wie Wasser!« Chopin regte sich darüber auf, genau wie ich mich aufrege, wenn eine Übersetzung mit folgender Formel gelobt wird: »Das klingt so schön flüssig.« Die Anhänger einer »flüssigen« Übersetzung werfen meinen Übersetzern oft vor: »Das drückt man im Deutschen (Englischen, Spanischen usw.) doch nicht so aus!« Robert Calasso, mein geschätzter italienischer Verleger, sagte wiederholt: Eine gute Übersetzung erkennt man nicht daran, daß sie flüssig ist, sondern daran, daß der Übersetzer den Mut gehabt hat, die ungewöhnlichen Formeln und Redewendungen des Originals (das, »was man nicht so ausdrückt«) zu übernehmen und zu verteidigen. Auch eine ungewöhnliche Interpunktion. Ich habe mich einmal von einem Verleger einzig und allein deshalb getrennt, weil er versucht hat, meine Strichpunkte in Punkte umzuändern.

GRAPHOMANIE. Das ist nicht die Manie, »Briefe, Tagebücher und Familienchroniken zu schreiben (also für sich selbst oder für seine Angehörigen zu schreiben), aber die Bücher zu schreiben (um ein Publikum aus unbekannten Lesern zu haben)« *(Das Buch vom Lachen und vom Vergessen)*. Ist nicht die Manie, eine Form zu schaffen, sondern sein Ich anderen aufzudrängen. Groteskeste Version des Machtwillens.

GRENZE. »Es war so wenig vonnöten, so unendlich wenig, um sich auf der andern Seite der Grenze wiederzufinden, wo nichts mehr Sinn hatte: weder die Liebe noch Überzeugungen noch der Glaube noch die Geschichte. Das ganze Geheimnis des menschlichen Lebens liege darin, daß es sich in unmittelbarer Nähe, ja in direkter Berührung mit dieser Grenze abspiele, daß es nicht kilometerweit von ihr entfernt sei, sondern kaum einen Millimeter . . .« *(Das Buch vom Lachen und vom Vergessen)*.

HÄSSLICH. Nachdem sie von ihrem Mann so viele Male betrogen worden ist und nach all den unangenehmen Geschichten mit der Polizei sagt Teresa: «Prag ist häßlich geworden.« Manche Übersetzer wollen das Wort häßlich durch die Wörter »schrecklich« oder »unerträglich« ersetzen. Sie finden es unlogisch, auf eine *moralische* Situation mit einem *ästhetischen* Urteil zu reagieren. Aber das Wort häßlich ist nicht zu ersetzen: Die allgegenwärtige, durch Gewöhnung barmherzig verschleierte Häßlichkeit der modernen Welt tritt selbst noch im unbedeutendsten Augenblick unserer Verzweiflung brutal zutage.

HUT. Magisches Objekt. Ich erinnere mich an einen Traum: Ein zehnjähriger Junge steht am Ufer eines Teiches und hat einen großen schwarzen Hut auf. Er stürzt sich ins Wasser. Man zieht ihn heraus, ertrunken. Er hat den schwarzen Hut noch immer auf dem Kopf.

IDEEN (und Werke). Die Abneigung, die ich denen gegenüber empfinde, die ein Werk auf seine Ideen reduzieren. Der Graus, in den sogenannten »Gedankenaustausch« (le débat d'idées) einbezogen zu sein. Die Verzweiflung, die mir eine Zeit eingibt, die von Ideen getrübt ist und gleichgültig gegenüber den Werken.

IDYLLE. Ein in Frankreich selten gebrauchtes Wort, das aber für Hegel, Goethe und Schiller ein wichtiger Begriff war: der Zustand der Welt vor dem ersten Konflikt; oder außerhalb der Konflikte; oder mitsamt den Konflikten, die aber nur Mißverständnisse, also unechte Konflikte sind. »Obwohl er ein buntes erotisches Leben führte, war der Vierziger im Grunde ein Idylliker ...« *(Das Leben ist anderswo)*. Dieses Bedürfnis, das erotische Abenteuer mit der Idylle zu versöhnen, ist das Wesen des Hedonismus selbst – und der Grund dafür, daß es unmöglich ist.

IMAGINATION. Was wollen Sie ausdrücken mit der Geschichte Taminas auf der Insel der Kinder? fragte man mich. Diese Geschichte war zuerst ein Traum, der mich faszinierte, den ich dann im Wachzustand träumte und schreibend erweiterte und vertiefte. Sein Sinn? Sagen wir einmal: ein Traumbild einer infantokratischen Zukunft (Vgl. INFANTOKRATIE). Doch dieser Sinn ging dem Traum nicht voraus, der Traum war vor dem Sinn da. Man muß sich also, wenn man diese Geschichte liest, der Imagination überlassen. Ihn vor allem nicht wie ein Rätsel lesen, das zu entziffern ist. Die Kafkaologen haben Kafka dadurch umgebracht, daß sie sich bemüht haben, ihn zu entziffern.

INFANTOKRATIE. »Ein Motorradfahrer fuhr die leere Straße hinab, Arme und Beine in O-Form, und fuhr die Straße mit donnerndem Lärm wieder hinauf; sein Gesicht hatte den Ernst eines Kindes, das seinem Geschrei allergrößte Wichtigkeit beimißt« (Musil in *Der Mann ohne Eigenschaften*). Der Ernst eines Kindes: das Gesicht des Technischen Zeitalters. Die Infantokratie: das Ideal einer Kindlichkeit, die der Menschheit aufgezwungen wird.

IRONIE. Wer hat recht, wer hat unrecht? Ist Emma Bovary unerträglich? Oder mutig und rührend? Und Werther? Empfindsam und edel? Oder ein aggressiver, in sich selbst verliebter Gefühlsmensch? Je aufmerksamer man den Roman liest, desto unmöglicher wird eine Antwort, denn der Roman ist die ironische Kunst *schlechthin*: seine »Wahrheit« ist verborgen, unausgesprochen, unaussprechbar. »Bedenken Sie, Razumov, daß Frauen, Kinder und Revolutionäre die Ironie, diese Verneinung aller hochherzigen Instinkte, jeden Glaubens, jeder Aufopferung, jeder Handlung, verabscheuen!« sagt bei Joseph Conrad in *Mit den Augen des Westens* eine russische Revolutionärin. Ironie irritiert. Nicht weil sie sich über etwas lustig macht oder angreift, sondern weil sie uns durch Entlarvung der Welt als Ambiguität unserer Gewißheiten beraubt. Leonardo Sciascia: »Nichts, was schwieriger zu verstehen wäre, nichts, was weniger zu entziffern ist als Ironie.« Überflüssig, einen Roman durch einen affektierten Stil ›schwierig‹ machen zu wollen; jeder Roman, sofern er diese Bezeichnung überhaupt verdient, ist noch bei aller Einfachheit schwierig genug durch seine ihm wesensgemäße Ironie.

JUGEND. »Eine Flut von Zorn gegen mich selbst überschwemmte mich, Zorn gegen mein damaliges Alter, gegen das stupide lyrische Alter . . .« *(Der Scherz)*.

KITSCH. Als ich *Die unerträgliche Leichtigkeit des Seins* schrieb, beunruhigte mich ein wenig, daß das Wort »Kitsch« einen der tragenden Pfeiler des Romans ausmachte. In der Tat war dieses Wort in Frankreich noch vor kurzem praktisch nicht oder nur in einem sehr eingeschränkten Sinn bekannt. In der französischen Fassung des berühmten Brochschen Essays ist das Wort »Kitsch« mit »Schund« *(art de pacotille)* übersetzt. Ein Widersinn, denn Broch legt dar, daß Kitsch nicht einfach ein geschmackloses Werk ist. Es gibt eine kitschige Haltung. Kitschiges Verhalten. Das Bedürfnis nach Kitsch des *Kitschmenschen*: ein Bedürfnis, sich im Spiegel einer beschönigenden Lüge zu betrachten und sich darin mit gerührter Befriedigung zu erkennen. Broch zufolge ist der Kitsch historisch mit der empfindsamen Romantik des 19. Jahrhunderts verknüpft. Da in Deutschland und Mitteleuropa das 19. Jahrhundert viel romantischer (und weit weniger realistisch) war als anderswo, hat sich dort der Kitsch maßlos ausgebreitet; da ist das Wort Kitsch auch entstanden und wird noch immer häufig verwendet. Für uns in Prag war der Kitsch der Hauptfeind der Kunst. In Frankreich ist das anders. Hier sieht man echte Kunst in einem Gegensatz zur Unterhaltung. Und große Kunst in einem Gegensatz zur leichten, zur Kleinkunst. Doch was mich angeht, mich haben Agatha Christies Kriminalromane nie gestört! Dafür Tschaikowski, Rachmaninow, Horowitz am Klavier, die großen Filme aus Hollywood, *Kramer gegen Kramer, Doktor Schiwago* (oh armer Pasternak!), das hasse ich zutiefst, aufrichtig. Und ich bin zunehmend irritiert vom Geist des Kitsches, der in Werken auftaucht, die sich formal modernistisch geben. (Ich füge hinzu: Die Abneigung, die Nietzsche gegenüber Victor Hugos »schönen Worten« und seinen »Prunkmänteln« empfand, war die Abneigung gegenüber dem Kitsch, bevor es diesen Begriff überhaupt gab.)

KLEIDERSTÄNDER. Magisches Objekt. Ludvik sieht ihn im Augenblick, wo er Helena sucht und denkt, sie habe Selbstmord begangen: »Das Metallgestell auf drei Füßen teilte sich oben in drei Halter; es hing kein Kleidungsstück daran; seine irgendwie menschliche Silhouette hatte etwas Verwaistes; die metallische Nacktheit und die lächerlich erhobenen Arme erfüllten mich mit Angst.« Weiter unten: ». . . metallischer, hagerer Kleiderständer, der die Arme erhob wie ein Soldat, der sich ergibt«. Auf dem Umschlag von *Der Scherz*, das war mein Traum, sollte ein Kleiderständer abgebildet werden.

KOLLABORATEUR. Die immer wieder neuen historischen Situationen enthüllen die stets gleichbleibenden Möglichkeiten des Menschen, so daß wir sie benennen können. Beispielsweise hat das Wort Kollaboration während des Krieges gegen den Nazismus einen neuen Sinn gewonnen: sich freiwillig in den Dienst einer widerlichen Macht stellen. Ein fundamentaler Begriff! Wie ist die Menschheit bis 1944 ohne ihn ausgekommen? Jetzt, wo das Wort gefunden ist, legt man sich zunehmend Rechenschaft darüber ab, daß menschliches Handeln wesensgemäß Kollaboration ist. All jene, die sich für den Lärm der Massenmedien, für das debile Lächeln der Reklame, für das Vergessen der Natur, für die zur Tugend hochstilisierte Indiskretion begeistern, müßte man *Kollaborateure der Modernität* nennen.

KOMIK. Die Tragik verschafft uns die schöne Illusion menschlicher Größe und damit Tröstung. Das Komische ist grausamer: Es enthüllt uns brutal die allgemeine Belanglosigkeit. Ich vermute, daß alles Menschliche einen komischen Aspekt hat, der in manchen Fällen erkannt, zugelassen, ausgeschlachtet, in anderen Fällen verhüllt wird. Nicht diejenigen, die uns am meisten zum Lachen bringen, sind die wahren Genies des Komischen, sondern die, welche einen *unbekannten Bereich des Komischen* enthüllen. Die Geschichte ist immer als ausschließlich ernsthafter Bereich betrachtet worden. Trotzdem existiert die unbekannte Komik der Geschichte. Wie es ja auch die (schwer zu akzeptierende) Komik der Sexualität gibt.

LACHEN (europäisches). Für Rabelais waren Fröhlichkeit und Komik noch eins. Im 18. Jahrhundert ist Sternes und Diderots Humor noch eine zarte, nostalgische Erinnerung an die Rabelaissche Fröhlichkeit. Gogol, im 19. Jahrhundert, ist ein melancholischer Humorist: »Wenn man eine komische Geschichte lange und aufmerksam betrachtet, wird sie immer trauriger«, sagt er. Europa hat die komische Geschichte seiner eigenen Existenz so lange betrachtet, daß sich im 20. Jahrhundert Rabelais' fröhliches Epos in Ionescos verzweifelte Komödie verwandelt hat: »Es gibt kaum etwas, das das Schreckliche vom Komischen trennt.« (Ionesco). Die europäische Geschichte des Lachens ist abgeschlossen.

LEBEN (mit großem L). In dem Pamphlet der Surrealisten *Ein Kadaver* (1924) beschimpft Paul Eluard Anatole Frances sterbliche Hülle: »Deinesgleichen, du Kadaver, mögen wir gar nicht . . .« usw. Interessanter als dieser Fußtritt in den Sarg scheint mir die folgende Rechtfertigung: »Was ich mir nicht mehr vorstellen kann, ohne daß mir die Tränen kommen, das Leben nämlich, tritt auch heute noch in kleinen, lächerlichen Dingen zutage, denen einzig Zärtlichkeit Halt verleiht. Skeptizismus, Ironie, Feigheit, France, der französische Geist, was soll das eigentlich? Ein großer Atem des Vergessens erhebt mich weit darüber hinaus. Vielleicht habe ich von all dem, was das Leben entehrt, nie etwas gelesen, nie etwas gesehen?«

Dem Skeptizismus und der Ironie hält Eluard die kleinen, lächerlichen Sachen entgegen, die Tränen, die Zärtlichkeit, die Ehre des Lebens, ja, des mit großem L geschriebenen Lebens! Hinter einer spektakulär nonkonformistischen Geste der platteste Geist des Kitsches.

LEICHTIGKEIT. Die unerträgliche Leichtigkeit des Seins findet sich bereits in *Der Scherz*: »Ich schritt über dieses staubige Pflaster und spürte die schwere Leichtigkeit der Leere, die auf meinem Leben lastete.«

Und in *Das Leben ist anderswo*: »Jaromil träumte manchmal, daß er einen sehr leichten Gegenstand heben müsse, eine Teetasse, einen Löffel, eine Feder, aber daß er es nicht schaffe, weil er um so schwächer war, je leichter der Gegenstand war, und daß er *unter seiner Leichtigkeit niedersinke.*«

Und in *Der Abschiedswalzer*: »Raskolnikow hat sein Verbrechen als Tragödie erlebt und ist schließlich unter der Last seiner Tat zusammengebrochen. Und Jakub wundert sich, daß seine Tat so leicht ist, daß sie nicht belastet, daß sie kein Gewicht hat. Und er fragt sich, ob diese Leichtigkeit nicht weit erschreckender sei als die hysterischen Gefühle des russischen Helden.«

Und *Das Buch vom Lachen und vom Vergessen*: »Die Leere und Hohlheit in ihrem Magen war das unerträgliche Fehlen von Schwere. Wie ein Extrem sich jederzeit in sein Gegenteil verwandeln kann, so war die maximale Leichtigkeit zur schrecklichen *Schwere der Leichtigkeit* geworden. Tamina wußte, daß es ihr nicht möglich sein würde, dies noch länger zu ertragen.«

Erst als ich die Übersetzungen aller meiner Bücher wieder las, habe ich, bestürzt, diese Wiederholungen bemerkt! Dann habe ich mich getröstet: Alle Romanciers schreiben vielleicht nur über eine Art von *Thema* (der erste Roman) *mit Variationen.*

Litanei. Wiederholung: Prinzip der musikalischen Komposition. Litanei: Zu Musik gewordene Rede. Ich möchte, daß der Roman sich in seinen reflektierenden Stellen ab und zu in Gesang verwandelt. Hier eine Stelle, eine Litanei, aus *Der Scherz*, komponiert über das Wort *daheim*:

».. . und mir schien, daß im Innern dieser Lieder mein Anfang war, mein ursprüngliches Gepräge, das *Daheim*, das ich verraten hatte, das aber deshalb *um so mehr* mein Daheim war (da das verratene Daheim sich besonders schmerzlich beklagt); aber ich begriff zugleich, daß dieses Daheim nicht von dieser Welt war (aber was ist das für ein Daheim, wenn es nicht von dieser Welt ist?), daß alles, was wir sangen, nur Erinnerung war, ein Denkmal, ein imaginäres Aufbewahren dessen, was nicht mehr existiert, und ich spürte, wie mir der Boden dieses Daheim unter den Füßen weggezogen wurde und wie ich, mit der Klarinette am Mund, in die Tiefen der Jahre, der Jahrhunderte schlitterte, in eine Tiefe ohne Boden, und ich sagte mir erstaunt, daß mein einziges Daheim gerade dieser suchende, gierige Fall, dieser Sturz war, und überließ mich ihm und der Wollust meines Schwindels«.

In der ersten französischen Ausgabe waren alle Wiederholungen durch Synonyme übersetzt:

».. . und mir schien, daß ich im Innern dieser Couplets *daheim*, daß ich von ihnen ausgegangen war, daß ihre Wesenheit Zeichen meines Ursprungs, meine Heimstätte war, die mir *um so mehr angehörte*, als sie meinen Verrat tilgte (da sich vom Nest her, gegen das wir uns versündigt haben, eine besonders schmerzliche Klage erhebt); natürlich begriff ich sofort, daß sie nicht von dieser Welt war (aber um welche Bleibe kann es sich handeln, wenn sie nicht hienieden ist?), daß das Körperhafte unserer Gesänge und Melodien nur Bestand hatte als Erinnerung, als Denkmal, als anschauliches Überbleibsel einer sagenhaften Wirklichkeit, die nicht mehr existiert, und ich spürte, wie mir der kontinentale Unterbau dieser Heimstätte unter den Füßen weggezogen wurde, ich spürte, wie ich mit der Klarinette am Mund ins Schlittern geriet, in die Schlünde der Jahre, der Jahrhunderte stürzte, einen bodenlosen Abgrund, und ich sagte mir ganz erstaunt, daß dieser Fall meine einzige Zuflucht war, dieser suchende, gierige Sturz, und gab mich ganz der Wollust meines Schwindels hin«.

Die Synonyme haben nicht nur die Melodik des Textes zerstört, sondern auch den Sinn verunklärt. (Vgl. WIEDERHOLUNGEN.)

LYRIK (und Revolution). »Lyrik ist Trunkenheit, und der Mensch macht sich trunken, um leichter mit der Welt zu verschmelzen. Die Revolution will nicht studiert und betrachtet werden, sie will, daß man mit ihr eins wird; in diesem Sinne ist sie lyrisch und braucht die Lyrik« *(Das Leben ist anderswo)*. »Die Mauer, hinter der Menschen eingesperrt waren, war mit lauter Versen bedeckt, und vor dieser Mauer wurde getanzt. Nein, kein Totentanz. Hier tanzte die Unschuld! Die Unschuld mit ihrem blutigen Lächeln« *(Das Leben ist anderswo)*.

LYRISCH. In *Die unerträgliche Leichtigkeit des Seins* kommen zwei Typen von Schürzenjägern zur Sprache: Die lyrischen (sie suchen in jeder Frau ihr eigenes Ideal) und die epischen Schürzenjäger (sie suchen bei den Frauen die unendliche Vielfalt der weiblichen Welt). Das entspricht der klassischen Unterscheidung des Lyrischen, Epischen (und Dramatischen), einer Unterscheidung, die erst gegen Ende des 18. Jahrhunderts in Deutschland aufgetaucht ist und in Hegels *Ästhetik* meisterhaft entwickelt wurde: Das Lyrische ist Ausdruck bekennerischer Subjektivität; das

Epische ist der Leidenschaft verpflichtet, sich der Objektivität dieser Welt zu bemächtigen. Das Lyrische wie das Epische überschreiten für mich den ästhetischen Bereich, sie vertreten zwei mögliche menschliche Haltungen hinsichtlich des Menschen selbst, hinsichtlich der Welt und der andern (das lyrische Alter = das Alter der Jugend). Diese Konzeption des Lyrischen und des Epischen ist den Franzosen leider so wenig geläufig, daß ich gezwungenermaßen akzeptieren mußte, daß in der französischen Übersetzung der lyrische Schürzenjäger zum romantischen Ficker *(baiseur romantique)* und der epische Schürzenjäger zum libertinistischen Ficker *(baiseur libertin)* wird. Die beste Lösung, die mich aber trotzdem etwas verstimmt hat.

MACHO (und Misogyn). Der *macho* betet die Weiblichkeit an und will das, was er anbetet, beherrschen. Indem er die archetypische Weiblichkeit der beherrschten Frau (ihre Mütterlichkeit, ihre Fruchtbarkeit, ihre Schwäche, ihre Häuslichkeit, ihre Gefühlsbetontheit usw.) verherrlicht, verherrlicht er seine eigene Männlichkeit. Der Misogyn dagegen hat Angst vor der Weiblichkeit, er weicht den zu weiblichen Frauen aus. Das Ideal des *macho*: die Familie. Das Ideal des Misogyns: Junggeselle mit vielen Gesichtern; oder: kinderlos verheiratet sein mit einer Frau, die er liebt.

MEDITATION. Drei elementare Möglichkeiten des Romanciers: Er *erzählt* eine Geschichte (Fielding), er *beschreibt* eine Geschichte (Flaubert), er *denkt* eine Geschichte (Musil). Die romaneske Beschreibung befand sich im 19. Jahrhundert in Übereinstimmung mit dem (positivistischen, wissenschaftlichen) Zeitgeist. Doch einen Roman auf fortgesetzte Meditation zu begründen, widerspricht im 20. Jahrhundert dem Geist der Zeit, die nicht mehr gerne denkt.

MISOGYN. Wir alle werden von den ersten Lebenstagen an mit einer Mutter und einem Vater, mit dem Weiblichen und dem Männlichen konfrontiert. Und somit von einer harmonischen oder disharmonischen Beziehung mit diesen beiden Archetypen geprägt. Gynophobe (Misogyne) gibt es nicht nur unter Männern, sondern auch unter den Frauen; auch gibt es ebensoviele Gynophobe wie Androphobe (jene Männer oder Frauen, die mit dem *Archetypus* des Mannes in Disharmonie leben). Diese Haltungen sind verschiedene und ganz legitime Möglichkeiten der conditio humana. Der feministische Manichäismus, der sich die Frage der Androphobie nie gestellt hat, faßt die Misogynie als simple Beleidigung auf. Damit hat man den psychologischen Gehalt dieses Begriffes ignoriert, und gerade dieser ist als einziges interessant.

MITTELEUROPA. 17. Jahrhundert: Die gewaltige Kraft des Barock zwingt diesem multinationalen und somit polyzentrischen Gebiet mit sich verändernden, nicht zu bestimmenden Grenzen eine gewisse kulturelle Einheit auf. Der späte Schatten des barocken Katholizismus greift ins 18. Jahrhundert über: kein Voltaire, kein Fielding. In der Hierarchie der Künste nimmt die Musik eine führende Stellung ein. Seit Haydn (und bis zu Schönberg und Bartók) liegt hier der Schwerpunkt der europäischen Musik. 19. Jahrhundert: ein paar große Dichter, aber kein Flaubert; der Geist des Biedermeier: der über die Wirklichkeit gebreitete Schleier der Idylle. Im 20. Jahrhundert die Revolte. Die größten Geister (Freud, die Romanciers) werten jahrhundertelang Verkanntes und Unbekanntes auf: die rationale, entmystifizierende Luzidität; den Sinn für die Wirklichkeit; den Roman. Ihre Revolte steht genau im Gegensatz zu der des französischen Modernismus, welcher antirationalistisch, antirealistisch und lyrisch ist; (was

146

viele Mißverständnisse verursachen sollte). Die Plejade der großen mitteleuropäischen Romanciers: Kafka, Hašek, Musil, Broch, Gombrowicz: Ihre Abneigung gegen die Romantik; ihre Vorliebe für den Roman vor Balzac und für den Libertinismus (Broch hat den Kitsch als Verschwörung des monogamen Puritanismus gegen die Aufklärung interpretiert); ihr Mißtrauen gegenüber der Geschichte und gegenüber einer Verklärung der Zukunft; ihr Modernismus jenseits der Illusionen der Avantgarde.

Der Zerfall der Habsburger Monarchie und, nach 1945, die kulturelle Randposition Österreichs sowie die politische Nichtexistenz der anderen Länder machen Mitteleuropa zum warnenden Spiegel eines möglichen Schicksals ganz Europas, zum Laboratorium des Unterganges.

MITTELEUROPA (und Europa). Brochs Verleger will ihn in einem Waschzettel in einen sehr mitteleuropäischen Kontext einordnen: Hofmannsthal, Svevo. Broch protestiert. Wenn man ihn mit jemandem vergleichen will, dann doch mit Gide und Joyce! Wollte er damit das ›Mitteleuropäische‹ an sich verleugnen? Nein, er wollte damit nur zum Ausdruck bringen, daß nationale und regionale Zusammenhänge nichts besagen, wenn Sinn und Wert eines Werkes erfaßt werden sollen.

MODERN (moderne Kunst; moderne Welt). Es gibt die moderne Kunst, die sich in *lyrischer* Ekstase mit der modernen Welt identifiziert. Apollinaire. Die Begeisterung für die Technik, die Faszination durch die Zukunft. Mit ihm und nach ihm: Majakowski, Léger, die Futuristen, die Avantgarden. Aber Kafka steht im Gegensatz zu Apollinaire. Die moderne Welt als Labyrinth, in dem der Mensch sich verirrt. Der *antilyrische*, antiromantische, skeptische, kritische Modernismus. Mit und nach Kafka: Musil, Broch, Gombrowicz, Beckett, Ionesco, Fellini ... In dem Maße, wie man sich in die Zukunft vertieft, gewinnt das Erbe des »antimodernen Modernismus« an Bedeutung.

MODERN (sein). »Neu, neu, neu ist der Stern des Kommunismus, und außerhalb von ihm gibt es keine Modernität«, schrieb gegen 1920 der große avantgardistische tschechische Romancier Vladislav Vancura. Seine ganze Generation strömte in die kommunistische Partei, um auch modern zu sein. Der historische Niedergang der kommunistischen Partei war besiegelt, sobald sie sich »außerhalb der Modernität« fand. Denn »man muß absolut modern sein«, hat Rimbaud verfügt. Der Wunsch, modern zu sein, ist ein Archetypus, ein irrationaler, tief in uns verwurzelter Imperativ, eine insistente Form mit veränderlichem, unbestimmten Inhalt: Modern ist, was sich als modern bezeichnet und als solches anerkannt wird. In *Ferdydurke* stellt Mutter Lejeune als eines der Zeichen von Modernität »ihr ungeniertes Benehmen zur Schau, wenn sie die Toilette aufsuchte, wohin man sich früher diskret zurückzog«. *Ferdydurke* von Gombrowicz: die glänzendste Entmythifizierung des Archetyps des Modernen.

MYSTIFIKATION. Ein an sich amüsanter (vom Wort *mystère*, Geheimnis, abgeleiteter) Neologismus, der im 18. Jahrhundert im Milieu des libertinistischen Geistes in Frankreich als Bezeichnung für Fälschungen auftaucht, deren Tragweite ausschließlich komischer Natur ist. Diderot gelingt mit siebenundvierzig Jahren ein außerordentlicher Ulk, indem er dem Marquis de Croismare vorschwindelt, eine junge unglückliche Nonne ersuche ihn dringend um Protektion. Monatelang schreibt er dem Marquis, der ganz gerührt ist, Briefe, die von dieser nicht existierenden Frau unterzeichnet sind. Diderots *Nonne* – Frucht einer Mystifikation: ein Grund mehr, Diderot und sein Jahrhundert zu lieben. Mystifikation: die aktive Art und Weise, die Welt nicht ernst zu nehmen.

Neuzeit. Der Beginn der Neuzeit. Der entscheidende Zeitpunkt in der Geschichte Europas. Gott wird zum *Deus absconditus* und der Mensch zum Maßstab aller Dinge. Der europäische Individualismus ist geboren, und mit ihm eine neue Situation der Kunst, der Kultur, der Naturwissenschaft. Ich habe Schwierigkeiten bei der Übersetzung dieses Begriffes in Amerika. Wenn man *modern times* nimmt, versteht man in Amerika darunter die heutige Zeit, unser Jahrhundert. Die Unkenntnis dieses Begriffes der Neuzeit in Amerika ist ein Hinweis auf den tiefen Graben zwischen den beiden Kontinenten. In Europa erleben wir das Ende der Neuzeit; das Ende des Individualismus; das Ende einer als Ausdruck von unersetzbarer persönlicher Originalität konzipierten Kunst; ein Ende, das eine Zeit unerhörter Gleichförmigkeit ankündigt. Diese Endzeitstimmung empfindet Amerika nicht; es hat die Geburt der Neuzeit nicht erlebt und ist lediglich ihr später Erbe. Es hat andere Kriterien für das, was Anfang, und für das, was Ende ist.

Nichtsein *(non-être)*. ». . . der Tod, zartbläulich wie das Nichtsein« *(Das Buch vom Lachen und Vergessen)*. Man kann nicht sagen: »bläulich wie das Nichts *(néant)*«, weil das Nichts nicht bläulich ist. Beweis dafür, daß das Nichts und das Nichtsein zwei ganz verschiedene Dinge sind.

Obszönität. Man gebraucht zwar in einer Fremdsprache obszöne Wörter, empfindet sie aber nicht als solche. Wenn man ein obszönes Wort mit fremdem Akzent ausspricht, wird es komisch. Die Schwierigkeit, obszön zu sein mit einer Ausländerin. Obszönität: die tiefste Wurzel, die uns mit unserem Vaterland verbindet.

OCTAVIO. Ich bin gerade an diesem kleinen Wörterbuch, da findet das furchtbare Erdbeben im Zentrum von Mexiko statt, wo Octavio Paz und seine Frau Marie-Jo leben. Neun Tage ohne Nachricht von ihnen. Am 27. September ein Anruf: Nachricht von Octavio. Ich öffne eine Flasche auf sein Wohl. Und ich mache seinen Vornamen, den ich so liebe, so sehr liebe, zum vierzigsten dieser Wörter.

OPUS. Ausgezeichnete Gewohnheit der Komponisten. Sie gewähren nur jenen Werken eine Opus-Nummer, die sie für »gültig« befinden. Diejenigen, die in die Zeit ihrer Unreife fallen, einer flüchtigen Gelegenheit zu verdanken sind oder lediglich Fingerübungen darstellen, numerieren sie nicht. Ein nicht numerierter Beethoven sind zum Beispiel die Variationen nach Salieri, wirklich schwach, aber keine Enttäuschung, der Komponist selbst hat uns ja einen Wink gegeben. Grundsätzliche Frage für jeden Künstler: Mit welcher Arbeit beginnt sein »gültiges« Werk? Janáček hat erst mit über fünfundvierzig seine eigene Sprache gefunden. Ich leide, wenn ich die paar aus einer früheren Periode erhalten gebliebenen Kompositionen höre. Debussy hat vor seinem Tod alle Entwürfe, alles, was unvollendet war, vernichtet. Diesen kleinen Dienst kann ein Autor seinen Werken wirklich erweisen: alles um sie herum beseitigen.

REWRITING. Interviews, Gespräche, gesammelte Aussprüche. Adaptationen, Transkriptionen, Filmfassungen, Fernsehspiele. *Rewriting* als Geist unserer Zeit. »Eines

Tages wird die gesamte vergangene Kultur noch einmal vollkommen umgeschrieben und hinter ihrem *rewriting* völlig vergessen werden« (Vorwort zu meinem Theaterstück nach Diderot *Jacques und sein Meister*). Und: »Alle, die sich herausnehmen, umzuschreiben, was bereits geschrieben war, sollen zugrunde gehen! Pfählen soll man sie und auf kleinem Feuer rösten! Kastrieren soll man sie, und ihnen die Ohren abschneiden!« (der Meister in *Jacques und sein Meister*).

RHYTHMUS. Ich habe Angst davor, mein Herz schlagen zu hören, weil ich dabei ununterbrochen daran erinnert werde, daß meine Lebenszeit berechnet ist. Deshalb habe ich die in den Partituren gezogenen Taktstriche immer als etwas Makabres empfunden. Doch die größten Meister des Rhythmus haben es verstanden, diese monotone und vorhersehbare Regelmäßigkeit zum Schweigen zu bringen und ihre Musik in einen kleinen Bereich von »Zeit außerhalb der Zeit« zu verwandeln. Die großen Polyphonisten: das kontrapunktische, horizontale Denken schwächt die Bedeutung des Taktes ab. Beethoven: In seiner letzten Periode achtet man kaum noch auf den Takt, so kompliziert ist der Rhythmus, vor allem in den langsamen Sätzen. Meine Bewunderung für Olivier Messiaen: Dank seiner Technik des Hinzufügens oder Weglassens kleiner rhythmischer Einheiten erfindet er eine unvorhersehbare, nicht zu berechnende Zeitstruktur, eine vollkommen autonome Zeit (eine Zeit nach dem »Ende der Zeit«, um den Titel seines Quartettes aufzunehmen). Ein Gemeinplatz: Das Genie des Rhythmus mache sich durch lautstark betonte Regelmäßigkeit geltend. Ein Irrtum. Die gräßliche rhythmische Primitivität der Rockmusik: das Schlagen des Herzens wird verstärkt, damit der Mensch seinen Weg auf den Tod in keinem Augenblick vergißt.

ROMAN. Die große Prosaform, bei der der Autor mittels experimenteller Egos (Figuren) einigen großen Themen der Existenz auf den Grund geht.

ROMAN (und Poesie). 1857: das größte Jahr des Jahrhunderts. *Die Blumen des Bösen:* Die lyrische Poesie entdeckt ihren ureigensten Bereich, ihr Wesen. *Madame Bovary:* Zum ersten Mal nimmt es ein Roman auf sich, den höchsten Ansprüchen der Poesie zu genügen (die Absicht, »vor allem die Schönheit zu suchen«; die Bedeutung jedes einzelnen Wortes; die intensive Melodik des Textes; der sich auf jede Einzelheit beziehende Imperativ der Originalität). Von 1857 an ist die Geschichte des Romans die Geschichte des »Poesie gewordenen Romans«. Aber *den Ansprüchen der Poesie genügen* ist etwas ganz anderes als *einen lyrischen Roman schreiben* (auf die dem Roman wesensgemäße Ironie verzichten, sich von der Außenwelt abwenden, den Roman in ein persönliches Bekenntnis verwandeln, ihn mit Ausschmückungen belasten). Die größten »Dichter gewordenen Romanciers« sind entschieden *antilyrisch*: Flaubert, Joyce, Kafka, Gombrowicz. Roman = antilyrische Poesie.

ROMAN (europäischer). Eine Geschichte (die vereinigte und kontinuierliche Entwicklung) des Romans (all dessen, was Roman genannt wird) gibt es nicht. Es gibt lediglich *Geschichten* des Romans: des chinesischen, griechisch-römischen, japanischen, mittelalterlichen, usw. Der Roman, den ich europäisch nenne, entsteht zu Beginn der Neuzeit in Südeuropa und stellt eine in sich geschlossene historische Wesenheit dar, die ihren Bereich später über das geographische Europa hinaus erweitert (insbesondere in Nord- und Südamerika). Auf Grund des Reichtums seiner Formen, auf Grund der in schwindelerregender Weise konzentrierten Intensität seiner Entwicklung und auf Grund seiner gesellschaftlichen Rolle ist dem europäischen Roman (wie auch der europäischen Musik) in keiner anderen Kultur Vergleichbares an die Seite zu stellen.

ROMANCIER (und Schriftsteller). Ich lese den kurzen Sartreschen Essay »Was heißt schreiben« noch einmal. Er verwendet nicht ein einziges Mal die Wörter *Roman, Romancier*. Er spricht nur vom Prosaschriftsteller *(écrivain de la prose)*. Eine richtige Unterscheidung. Der Schriftsteller hat originale Ideen und eine unnachahmliche Stimme. Er kann sich irgendeiner Form (einschließlich des Romans) bedienen, und alles, was er schreibt, gehört zu seinem Werk, da es von seinem Denken geprägt, von seiner Stimme getragen wird. Rousseau, Goethe, Chateaubriand, Gide, Camus, Malraux, Montherlant.

Der Romancier macht nicht viel Aufhebens von seinen Ideen. Er ist ein Entdecker, der sich tastend bemüht, einen unbekannten Aspekt der Existenz zu enthüllen. Er ist nicht von seiner Stimme fasziniert, sondern von einer Form, der er nachspürt, und nur die Formen, die den Erfordernissen seines Traumes genügen, gehören zu seinem Werk. Fielding, Sterne, Flaubert, Proust, Faulkner, Céline, Calvino.

Der Schriftsteller trägt sich ein auf der geistigen Karte seiner Zeit, seiner Nation, auf der Karte der Ideengeschichte.

Der einzige Kontext, mittels dessen man den Wert eines Romans einschätzen kann, ist der Kontext der Geschichte des europäischen Romans. Der Romancier ist niemandem Rechenschaft schuldig außer Cervantes.

ROMANCIER (und sein Leben). Der Romancier Karel Čapek wird gefragt, warum er keine Poesie schreibe. Seine Antwort: »Weil ich es hasse, von mir selbst zu sprechen.«

Hermann Broch über sich, über Musil, über Kafka: »Wir haben alle drei keine eigentliche Biographie . . .« Das heißt nicht etwa, daß ihr Leben ereignislos verlaufen wäre, wohl aber, daß es nicht dazu bestimmt war, öffentlich wahrgenommen zu werden als Bio-Graphie. »Ich hasse es, meine Nase in das kostbare Leben großer Schriftsteller zu stecken, und nie wird ein Biograph den Schleier meines Privatlebens lüften«, sagt Nabokow. Und Faulkner wünscht, »als Mensch annuliert, von der Geschichte übergangen zu werden und keine Spur in ihr zu hinterlassen, nichts als die gedruckten Bücher«. Eine wohlbekannte Metapher: Der Romancier zerstört das Haus seines Lebens, um dann aus diesen Steinen das Haus seines Romans aufzubauen. Die Biographen eines Romanciers reißen folglich ein, was der Romancier aufgebaut hat, und stellen das wieder her, was er vernichtet hat. Ihre Arbeit kann Wert und Sinn eines Romans nicht beleuchten, kann kaum einige Bausteine identifizieren. Der Augenblick, wo Kafka mehr Aufmerksamkeit auf sich zieht als Joseph K., ist der Beginn eines Prozesses, der Kafkas postumen Tod bedeutet.

SCHICKSAL. Es kommt der Augenblick, wo das Bild unseres Lebens sich vom Leben selbst trennt, sich verselbständigt und uns allmählich zu beherrschen beginnt. Schon in *Der Scherz*: ». . . es gab kein Mittel, das Bild meiner Person, das in einer höchstrichterlichen Kammer menschlicher Schicksale hinterlegt war, zu berichtigen; ich begriff, daß dieses Bild (obwohl es gar nicht ähnlich war) unendlich viel wirklicher war als ich selbst; daß es in keiner Weise mein Schatten, sondern, daß ich selbst der Schatten meines Bildes war; daß es überhaupt nicht anging, ihm vorzuwerfen, es sehe mir nicht ähnlich, sondern daß ich an dieser Unähnlichkeit schuld war . . .«

Und in *Das Buch vom Lachen und vom Vergessen*: »Das Schicksal dachte nicht daran, für Mirek auch nur einen Finger krumm zu machen (für sein Glück, seine Sicherheit, seine Gutgelauntheit und Gesundheit), wogegen Mirek bereit war, für sein Schicksal alles zu tun, für dessen Größe, Klarheit, Schönheit, Stil und Sinnfälligkeit. Er fühlte sich für sein Schicksal verantwortlich, wogegen sich sein Schicksal für ihn nicht verantwortlich fühlte.«

Im Gegensatz zu Mirek legt die hedonistische Figur des Vierzigers *(Das Leben ist anderswo)* Wert auf »seine idyllische Schicksallosigkeit«. (Vgl. Idylle). In der Tat wehrt sich ein Hedonist gegen die Verwandlung seines Lebens in Schicksal. Das Schicksal saugt uns aus wie ein Vampir, lastet auf uns, ist eine Art Bleikugel, die an unseren Fußknöcheln befestigt ist. (Der Vierziger, möchte ich nebenbei erwähnen, ist mir von allen meinen Figuren am nächsten.)

Schönheit (und Erkenntnis). Wer im Brochschen Sinne sagt, Erkenntnis sei die einzige Moral des Romans, hat Schwierigkeiten mit der metallischen Aura des Wortes »Erkenntnis«, das durch seine Bindung an die Naturwissenschaften allzusehr in Verruf geraten ist. Man muß deshalb hinzufügen: Alle Aspekte der Existenz, die der Roman entdeckt, entdeckt er als Schönheit. Die ersten Romanciers haben das Abenteuer entdeckt. Ihnen verdanken wir es, wenn es als solches für uns schön ist, ja wenn wir in das Abenteuer verliebt sind. Kafka hat die Situation des Menschen, der auf tragische Weise in der Falle sitzt, beschrieben. Die Kafkaologen haben früher viel diskutiert, ob ihr Autor uns eine Hoffnung lasse oder nicht. Nein, keine Hoffnung. Etwas anderes. Selbst in dieser unlebbaren Situation entdeckt Kafka eine seltsame, düstere Schönheit. Schönheit, der letzte mögliche Sieg des Menschen, der keine Hoffnung mehr hat. Schönheit in der

Kunst: plötzlich aufleuchtendes Licht des Niegesagten. Dieses Licht, das die großen Romane ausstrahlen, kann die Zeit nicht verdunkeln, denn da die menschliche Existenz vom Menschen fortwährend wieder vergessen wurde, können uns die Entdeckungen des Romanciers, so weit sie auch zurückliegen, nur immer wieder ein Staunen entlocken.

SCHRIFTGRADE. Die Bücher werden in immer kleineren Schriftgraden veröffentlicht. Ich stelle mir das Ende der Literatur vor: Allmählich, ohne daß jemand es bemerkt, werden die Schriftgrade so klein werden, daß sie unsichtbar sind.

SOWJETISCH. Ein Adjektiv, das ich nicht verwende. Die Union der Sozialistischen Sowjetrepubliken: »Vier Wörter, vier Lügen« (Castoriadis). Das sowjetische Volk: Ein lexikalisches Mäntelchen, das alle russifizierten Nationen des Reiches verhüllen soll. Der Ausdruck »sowjetisch« kommt nicht nur dem aggressiven Nationalismus des kommunistischen Großrußland, sondern auch der nationalen Nostalgie der Dissidenten gelegen. Diesen gestattet er nämlich, daran festzuhalten, daß einem magischen Akt zufolge Rußland (das wahre Rußland) nicht jenem Staat angehöre, der sowjetisch genannt wird, daran festzuhalten, daß es als unberührtes, unbeflecktes Wesen, gegen alle Anschuldigungen abgesichert, überdaure. Das deutsche Bewußtsein: nach der Nazizeit von Träumen, von Schuldgefühlen heimgesucht; Thomas Mann: die grausame Infragestellung des germanischen Geistes. Die Reife der polnischen Kultur: Gombrowicz, der der »Polonität« lustvoll Gewalt antut. Undenkbar für die Russen, dem »Russischen«, einer unberührten Wesenheit, Gewalt anzutun. Kein Thomas Mann, kein Gombrowicz unter ihnen.

TRANSPARENZ. In der Sprache der Politik und des Journalismus bedeutet dieses Wort: dem öffentlichen Blick Zugang zum Leben der Individuen verschaffen. Was uns auf André Breton und seinen Wunsch verweist, unter aller Augen in einem *Glashaus* zu leben. Das Glashaus: eine alte Utopie und gleichzeitig einer der schrecklichsten Aspekte des modernen Lebens. Regel: Je undurchsichtiger die Angelegenheiten des Staates sind, desto transparenter müssen die Angelegenheiten eines Individuums sein; die Bürokratie ist anonym, geheim, verschlüsselt, undurchschaubar, obwohl sie etwas *Öffentliches* vertritt, während der *Privatmann* verpflichtet ist, über seine Gesundheit, seine Finanzen, seinen Familienzustand Rechenschaft abzulegen, und wenn das Urteil der Massenmedien es so will, findet er, was die Liebe, die Krankheit und den Tod angeht, keinen einzigen Augenblick der Intimität mehr. Der Wunsch, die Intimität eines andern zu verletzen, ist eine uralte Form der Aggressivität, die heute institutionalisiert (die Bürokratie mit ihren Karteikarten, die Presse mit ihren Reportern), moralisch gerechtfertigt ist (das Recht auf Information ist das wichtigste Menschenrecht geworden) und poetisiert (durch das schöne Wort Transparenz).

TSCHECHOSLOWAKEI. Ich verwende in meinen Romanen das Wort Tschechoslowakei nie, obwohl die Handlung im allgemeinen da spielt. Dieses zusammengesetzte (im Jahre 1918 entstandene) Wort ist zu jung, ist weder in der Zeit verwurzelt noch schön und weist auf das Zusammengesetzte, zu Junge (von der Zeit Unerprobte) des Bezeichneten hin. Vielleicht kann man notfalls auf einem so unsoliden Wort einen Staat aufbauen; einen Roman kann man darauf nicht aufbauen. Deshalb gebrauche ich, um das Land meiner Figuren zu bezeichnen, immer das alte Wort Böhmen. Vom Standpunkt der politischen Geographie her ist das ungenau (meine Übersetzer rebellieren oft), aber vom Standpunkt der Poesie her ist es die einzige mögliche Bezeichnung.

UNERFAHRENHEIT. Als ersten Titel für *Die unerträgliche Leichtigkeit des Seins* zog ich »Der Planet der Unerfahrenheit« in Betracht. Unerfahrenheit, eine für die Stellung des Menschen in der Welt typische Eigenschaft. Man ist ein für allemal geboren, man wird niemals ein anderes Leben mit den Erfahrungen des vorangegangenen beginnen können. Man wächst aus der Kindheit heraus, ohne zu wissen, was Jugend ist, heiratet, ohne zu wissen, was es heißt, verheiratet zu sein, und selbst wenn man allmählich alt wird, weiß man nicht, wohin man geht: Die Alten sind unschuldige Kinder ihres Alters. In diesem Sinne ist unsere menschliche Erde der Planet der Unerfahrenheit.

UNIFORM (ein-förmig). »Weil die Wirklichkeit in der Gleichförmigkeit der planbaren Rechnung besteht, muß auch der Mensch in die Einförmigkeit eingehen, um dem Wirklichen gewachsen zu bleiben. Ein Mensch ohne Uniform macht heute bereits den Eindruck des Unwirklichen, das nicht mehr dazugehört« (Heidegger, *Überwindung der Metaphysik*). Der Landvermesser K. ist nicht auf der Suche nach Verbrüderung, sondern auf der verzweifelten Suche nach einer Uni-form. Ohne diese Uni-form, ohne die Uniform des Beamten ist er »dem Wirklichen nicht gewachsen«, macht er »den Eindruck des Unwirklichen«. Kafka war der erste (*vor* Heidegger!), der diese veränderte Situation erfaßt hat: Früher konnte man in der Vielfalt, im Vermeiden der Uniform ein Ideal, eine Chance, einen Sieg erblicken; aber schon bald wird der Verlust der Uniform ein absolutes Unglück darstellen, eine Verbannung aus der Menschenwelt. Seit Kafka hat dank großer Apparate, die das Leben kalkulieren und planen, die Uniformisierung der Welt enorm zugenommen. Aber wenn ein Phänomen allgemein, alltäglich, allgegenwärtig wird, nimmt man es nicht mehr zur Kenntnis. In der Euphorie ihres einförmigen Lebens nehmen die Menschen die Uniform, die sie tragen, nicht mehr wahr.

VERGESSEN. »Der Kampf des Menschen gegen die Macht ist der Kampf des Gedächtnisses gegen das Vergessen.« Dieser von einer Figur, Mirek, ausgesprochene Satz in *Das Buch vom Lachen und vom Vergessen* wird oft als die eigentliche Botschaft dieses Romans zitiert. Weil nämlich der Leser an einem Roman zuerst das »schon Bekannte« entdeckt. Das »schon Bekannte« dieses Romans ist Orwells berühmtes Thema: das von einer totalitären Macht auferlegte Vergessen. Aber das Originale an der Geschichte über Mirek liegt meiner Meinung nach anderswo. Dieser Mirek, der sich aus Leibeskräften verteidigt, damit man ihn nicht vergißt (ihn und seine Freunde und ihren politischen Kampf) tut gleichzeitig alles Menschenmögliche, um einen andern in Vergessenheit zu bringen (seine ehemalige Geliebte, derer er sich schämt). Bevor der Wille, zu vergessen, ein politisches Problem wird, ist er ein anthropologisches Problem: Seit jeher hat der Mensch das Verlangen verspürt, seine eigene Biographie umzuschreiben, die Vergangenheit zu ändern, die Spuren zu verwischen, sowohl seine eigenen wie die der andern. Der Wille, zu vergessen, ist nicht einfach ein bloßer Betrugsversuch. Sabina *(Die unerträgliche Leichtigkeit des Seins)* hat keinen Grund, irgend etwas zu verheimlichen, trotzdem ist sie von einem irrationalen Verlangen besessen, sich in Vergessenheit zu bringen. Das Vergessen: gleichzeitig absolute Ungerechtigkeit und absolute Tröstung. Die romaneske Behandlung dieses Themas des Vergessens ist endlos und bleibt ohne Ergebnis.

VERRATEN. »Aber was heißt verraten? Verraten bedeutet, daß man aus der Reihe tritt. Verraten bedeutet, daß man aus der Reihe tritt und ins Unbekannte aufbricht. Sabina kennt nichts Schöneres, als ins Unbekannte aufzubrechen« *(Die unerträgliche Leichtigkeit des Seins)*.

WERK. »Den Weg vom Entwurf bis zum Werk geht man auf den Knien.« Diesen Vers von Vladimir Holan vergesse ich nie. Und ich lehne es ab, die Briefe an Felice und *Das Schloß* auf dieselbe Ebene zu stellen.

WERT. Der Strukturalismus der sechziger Jahre hat die Wertfrage ausgeklammert, obwohl doch der Begründer der strukturalistischen Ästhetik sagt: »Nur die Voraussetzung eines objektiven ästhetischen Wertes verleiht der historischen Entwicklung der Kunst einen Sinn« (Jan Mukarovsky: *Funktion, Norm und ästhetischer Wert als soziale Gegebenheiten*, Prag 1934). Sich nach dem ästhetischen Wert zu fragen bedeutet: Entdeckungen und Neuerungen eines Werkes sowie eine neue Beleuchtung, in der die Menschenwelt dadurch erscheint, einzukreisen und zu benennen. Nur ein Werk, das als Wert anerkannt wird (ein Werk, dessen Neuheit begriffen und benannt worden ist), kann Teil der »historischen Entwicklung der Kunst« werden, die keine bloße Abfolge von Gegebenheiten ist, sondern eine Verfolgung von Werten. Wenn man die Wertfrage beiseite läßt und sich mit einer (thematischen, soziologischen, formalistischen) Beschreibung eines Werkes (einer historischen Periode, einer Kultur usw.) begnügt, wenn man ein Gleichheitszeichen zwischen alle Kulturen und alle kulturellen Aktivitäten setzt (Bach und Rock, Comics und Proust), wenn die Kunstkritik (Meditation über den Wert) keinen Platz mehr hat, um sich auszudrücken, verschleiert die »historische Entwicklung der Kunst« ihren

Sinn, bricht in sich zusammen, wird zum riesigen, absurden Lagerraum von Werken.

WIEDERHOLUNGEN. Nabokov weist darauf hin, daß am Anfang von *Anna Karenina* das Wort »Haus« im russischen Text in sechs Sätzen achtmal auftaucht und daß diese Wiederholung ein bewußter Kunstgriff des Autors sei. Doch in der französischen Übersetzung erscheint das Wort »Haus« nur einmal, in der tschechischen Übersetzung nur zweimal. Im gleichen Buch: Überall, wo Tolstoi »skazal« (»sagte«) schreibt, finde ich in der Übersetzung »äußerte«, »gab zurück«, »antwortete«, »schrie«, »hatte den Schluß gezogen« usw. Die Übersetzer sind auf Synonyme versessen. (Ich lehne den Ausdruck »Synonym« überhaupt ab: Jedes Wort hat einen ihm eigenen Sinn und ist von seiner Bedeutung her unersetzbar.) Pascal: »Wenn in einer Rede Worte wiederholt werden und man merkt, daß sie so richtig sind, daß man bei dem Versuch, sie zu korrigieren, die Rede verderben würde, muß man sie stehenlassen, weil sie die Rede entscheidend prägen.« Das spielerische Raffinement der Wiederholung im ersten Abschnitt eines der schönsten französischen Prosatexte aus dem 18. Jahrhundert: »Ich liebte die Comtesse de . . . rasend; ich war zwanzig Jahre alt und war naiv; sie betrog mich, ich regte mich darüber auf, sie verließ mich. Ich war naiv, ich vermißte sie; ich war zwanzig Jahre alt, sie verzieh mir: Und da ich zwanzig Jahre alt und naiv war, zwar weiterhin betrogen, aber nicht mehr verlassen wurde, hielt ich mich für einen besonders heiß geliebten Liebhaber, folglich für den allerglücklichsten Menschen . . .« (Vivant Denon: *Point de lendemain*). (Vgl. LITANEI.)

Siebenter Teil

Jerusalemer Rede:
Der Roman und Europa

Daß Israel den wichtigsten Preis, den es verleiht, der internationalen Literatur widmet, ist wohl kein Zufall, sondern lange Tradition. Schließlich haben ja auch große jüdische Persönlichkeiten, die ihrem Ursprungsland fern und nationalistischem Eifern abgeneigt waren, immer eine besondere Sensibilität für ein supranationales Europa gehabt, ein Europa, das für sie nicht Territorium, sondern Kultur war. Da die Juden selbst nach der tragischen Enttäuschung, die sie in Europa erfahren haben, diesem europäischen Weltbürgertum treu geblieben sind, taucht Israel, ihre kleine, endlich wiedergefundene Heimat vor mir wie das wahre Herz Europas auf, ein seltsames Herz außerhalb des Körpers.

Zutiefst bewegt nehme ich heute den Preis entgegen, der den Namen Jerusalems trägt und von diesem großen kosmopolitischen jüdischen Geist geprägt ist. Ich nehme ihn als Romancier entgegen. Ich sage mit Absicht, als *Romancier*, ich sage nicht, als Schriftsteller. Flaubert zufolge ist ein Romancier jemand, der hinter seinem Werk verschwinden will. Hinter seinem Werk verschwinden heißt, auf die Rolle einer öffentlichen Person zu verzichten. Das dürfte heute nicht einfach sein, wo alles auch nur einigermaßen Bedeutende auf der grell erleuchteten Bühne der Massenmedien erscheint, die, entgegen Flauberts Absicht, das Werk hinter dem Image seines Autors verschwinden lassen. In dieser Situation, der sich wohl niemand ganz entziehen kann, kommt mir Flauberts Bemerkung fast wie eine Warnung vor: Der Romancier, der sich dazu hergibt, eine öffentliche Rolle zu spielen, muß damit rechnen, daß sein Werk nur noch als Anhängsel dessen betrachtet wird, was er tut, als Anhängsel seiner Erklärungen und Stellungnahmen. Der Romancier ist jedoch niemandes Sprachrohr, ja, ich gehe sogar so weit zu behaupten, daß er nicht einmal Sprachrohr seiner eigenen Ideen ist. In Tolstois erstem Entwurf zu *Anna Karenina* war Anna eine ganz unsympathische Frau, und ihr tragisches Ende war nur gerecht und verdient. Die endgültige Fassung des Romans ist völlig anders; ich glaube aber nicht, daß Tolstoi seine Moralvorstellungen inzwischen geändert hatte; ich würde vielmehr sagen, daß er beim Schreiben eine andere Stimme als die seiner persönlichen moralischen Überzeugung vernahm. Er hörte auf etwas, was ich die Weisheit des Romans nennen möchte. Alle wahren Romanciers hören auf diese überpersönliche Weisheit, weshalb große Romane wohl immer ein bißchen intelligenter sind als ihre Autoren. Romanciers, die intelligenter sind als ihre Werke, sollten sich nach einem anderen Beruf umsehen.

Doch was ist diese Weisheit, was ist der Roman? Ein wunderbares jüdisches Sprichwort sagt: *Der Mensch denkt, Gott lacht.* Inspiriert von dieser Sentenz, stelle ich mir gern François Rabelais vor, wie er eines Tages Gottes Lachen hörte und so die Idee des ersten großen europäischen Romans geboren wurde. Mir gefällt der Gedanke, daß die Kunst des Romans als Echo auf Gottes Lachen zur Welt kam.

Warum lacht aber Gott angesichts des denkenden Menschen? Weil der Mensch denkt, und ihm dabei die Wahrheit abhanden kommt. Weil sich das Denken des einen vom Denken des andern entfernt, je mehr die Menschen denken. Und schließlich auch, weil der Mensch nie ist, was er zu sein denkt. Zu Beginn der Neuzeit wird diese Grundsituation des nachmittelalterlichen Menschen offenkundig: Don Quijote denkt, Sancho denkt, und nicht nur die

Wahrheit der Welt, aber auch die Wahrheit ihres eigenen Ichs entgeht ihnen. Die ersten europäischen Romanciers haben diese veränderte Situation des Menschen gesehen, erfaßt und auf sie die neue Kunst begründet, die Kunst des Romans.

François Rabelais hat viele Neologismen erfunden, die dann ins Französische und in andere Sprachen Eingang gefunden haben, aber eins dieser Wörter ist leider in Vergessenheit geraten. Es ist das Wort *Agelaste*, das aus dem Griechischen stammt und jemanden bezeichnet, der nie lacht, der keinen Sinn hat für Humor. Rabelais haßte die Agelasten. Er fürchtete sie. Er beklagte sich, die Agelasten seien »mit ihm so grausam umgesprungen«, daß er nahe daran gewesen sei, das Schreiben aufzugeben, und zwar ein für allemal.

Zwischen dem Romancier und dem Agelasten kann kein Friede herrschen. Da die Agelasten Gottes Lachen nie gehört haben, sind sie der Meinung, die Wahrheit sei klar, alle Menschen müßten das gleiche denken, auch seien sie selber genau das, was sie zu sein dächten. Aber gerade dadurch, daß der Mensch der Wahrheit und der einhelligen Zustimmung der andern nicht mehr gewiß sein kann, wird er zum Individuum. Der Roman ist das imaginäre Paradies der Individuen. In seinem Bereich ist niemand alleiniger Inhaber der Wahrheit, weder Anna noch Karenin, aber alle, sowohl Anna wie Karenin, haben ein Recht darauf, daß man ihnen Verständnis entgegenbringt.

Im dritten Buch von Gargantua und Pantagruel wird Panurge, die erste große Gestalt im europäischen Roman, von der Frage gequält, ob er heiraten solle oder nicht. Er zieht Ärzte, Hellseher, Professoren, Dichter und Philosophen zu Rate, die ihrerseits Hippokrates, Aristoteles, Homer, Heraklit und Platon zitieren. Doch nach all diesen weitschweifigen gelehrten Recherchen, die das ganze Buch ausmachen, weiß Panurge immer noch nicht, ob er heiraten soll oder nicht. Wir, die Leser, wissen es auch nicht, dafür haben wir aber unter allen möglichen Blickwinkeln die ebenso komische wie elementare Lage eines Menschen bedacht, der nicht weiß, ob er heiraten soll oder nicht.

Rabelais' Gelehrsamkeit, so groß sie ist, hat also einen andern Sinn als die von Descartes. Die Weisheit des Romans unterscheidet sich von der Weisheit der Philosophie. Der Roman ist nicht aus dem theoretischen Geist, sondern aus dem Geiste des Humors geboren. Europa hat versagt, indem es die europäischste aller Künste, den Roman, nie verstanden hat, weder seinen Geist noch seine gewaltigen Erkenntnisse und Entdeckungen noch die Autonomie seiner Geschichte. Die vom Lachen Gottes inspirierte Kunst ist ihrem Wesen nach unabhängig von ideologischen Gewißheiten, ja ist sogar deren Widerpart. Wie Penelope trennt sie nachts das Gewebe wieder auf, das Theologen, Philosophen und Gelehrte tags zuvor geflochten haben.

Neuerdings ist es zur Gewohnheit geworden, das 18. Jahrhundert zu verteufeln, man hat sogar dem Klischee gehuldigt, das Unglück des russischen Totalitarismus sei Europas Werk, sei insbesondere auf den atheistischen Rationalismus der Aufklärung, auf ihren Glauben an die Allmacht der Vernunft zurückzuführen. Ich halte mich nicht für kompetent, mit Leuten zu diskutieren, die Voltaire für den Gulag verantwortlich machen. Ich fühle mich aber sehr wohl kompetent, zu sagen: das 18. Jahrhundert ist nicht nur das Jahrhundert von Rousseau, Voltaire und D'Holbach, sondern auch (wenn nicht sogar vor allem) das Jahrhundert Fieldings, Sternes, Goethes und Laclos'.

Von allen Romanen dieser Zeit ist mir Laurence Sternes *Tristram Shandy* am liebsten. Ein eigenartiger Roman. Sterne beginnt mit einer Beschwörung der Nacht, in der

Tristram gezeugt wurde, aber er hat kaum angefangen, davon zu berichten, da verlockt ihn eine neue Idee, die ihn in freier Assoziation zu einer anderen Überlegung verleitet, welche dann in eine Anekdote mündet, so daß eine Abschweifung in die andere übergeht und Tristram, der Held des Buches, gut hundert Seiten lang vergessen wird. Man könnte diese extravagante Erzählweise als simples Formenspiel betrachten. Doch in der Kunst ist die Form immer mehr als Form. Jeder Roman gibt wohl oder übel Antwort auf die Frage: Was ist die menschliche Existenz und worauf beruht ihre Poesie? Sternes Zeitgenossen, Fielding zum Beispiel, wußten vor allem den außerordentlichen Reiz der Handlung und der Abenteuer zu genießen. Die Antwort, die man aus Sternes Roman herauslesen kann, lautet indessen ganz anders: Poesie liegt ihm zufolge nicht in der Handlung, sondern in einer *Unterbrechung der Handlung*.

Vielleicht hat sich hier indirekt ein großer Dialog zwischen dem Roman und der Philosophie angebahnt. Der Rationalismus des 18. Jahrhunderts beruht auf dem berühmten Leibnizschen Satz *nihil est sine ratione*. Nichts von dem, was ist, ist ohne Grund. Die von dieser Überzeugung angeregte Wissenschaft prüft hartnäckig das *Warum* aller Dinge, so daß alles, was ist, erklärbar, also berechenbar erscheint. Der Mensch, der möchte, daß sein Leben einen Sinn hat, verzichtet auf jede Handlung ohne Ursache und Zweck. Alle Biographien sind unter diesem Gesichtswinkel verfaßt. Das Leben erscheint gleichsam als Leuchtspur von Ursachen, Wirkungen, Niederlagen und Erfolgen, und der Mensch, der ungeduldig die Kausalkette seiner Handlungen verfolgt, beschleunigt noch seinen Irrsinnslauf zum Tod.

Angesichts dieser Beschränkung der Welt auf die kausale Abfolge von Ereignissen beweist Sternes Roman schon durch seine Form, daß die Poesie nicht in der Handlung liegt, sondern dort, wo die Handlung aufhört; dort, wo die Brücke zwischen Ursache und Wirkung abgebrochen ist und das Denken in herrlich müßiger Freiheit herumschweift. Die Poesie der Existenz, sagt Sternes Roman, liegt in der Abschweifung. Sie liegt in dem Unberechenbaren. Sie liegt jenseits der Kausalität. Sie ist *sine ratione*, grundlos. Sie ist jenseits des Leibnizschen Satzes.

Man kann also den Geist eines Jahrhunderts nicht ausschließlich nach seinen Ideen, seinen theoretischen Konzeptionen beurteilen und die Kunst, insbesondere den Roman, außer acht lassen. Das neunzehnte Jahrhundert hat die Lokomotive erfunden, und Hegel war überzeugt, er habe den Geist der Weltgeschichte insgesamt erfaßt. Flaubert hat die Dummheit entdeckt. Ich möchte behaupten, daß dies die größte Entdeckung eines Jahrhunderts ist, das so stolz war auf seine wissenschaftliche Vernunft.

Natürlich wurde auch vor Flaubert die Existenz der Dummheit nicht angezweifelt, aber man verstand sie etwas anders: einfach als Mangel an Wissen, als Fehler, der durch Bildung zu beheben war. In Flauberts Romanen ist die Dummheit hingegen eine von der menschlichen Existenz nicht zu trennende Dimension. Sie begleitet die arme Emma ihr Leben lang bis zu ihrem Liebesbett und bis zu ihrem Totenbett, an dem zwei grauenhafte Agelasten, Homais und Bournisien, gleichsam als Totenrede ihre weitschweifigen Albernheiten verzapfen. Doch das Schockierendste, Skandalöseste der Flaubertschen Vision der Dummheit dürfte sein, daß die Dummheit nicht von der Wissenschaft, der Technik, dem Fortschritt, der Modernität zurückgedrängt wird, sondern im Gegenteil mit dem Fortschritt auch selbst fortschreitet!

Flaubert hat mit leidenschaftlicher Bosheit stereotype Wendungen gesammelt, derer sich Leute in seiner Umgebung bedienten, um als intelligent und à la page zu gelten. So ist sein berühmtes *Wörterbuch der Gemeinplätze (Dictionnaire des idées rçcue)* entstanden. Bedienen wir uns dieses Titels, um zu sagen: Die moderne Dummheit ist kein Nicht-Wissen, sie ist das Nicht-Denken, das Nicht-Denken der Gemeinplätze. Flauberts Entdeckung ist für die Zukunft der Welt wichtiger als die revolutionärsten Ideen von Marx und Freud. Denn man kann sich die Zukunft sehr wohl ohne Klassenkampf und Psychoanalyse vorstellen, aber nicht ohne den unaufhaltsamen Aufstieg der in Computer eingespeisten und von Massenmedien verbreiteten Gemeinplätze, die wahrscheinlich bald zu einer Macht werden, welche über alles originale, individuelle Denken hinweggeht, somit also das eigentliche Wesen der europäischen Kultur der Neuzeit erstickt.

Etwa achtzig Jahre, nachdem Flaubert sich seine Emma Bovary ausgedacht hatte, in den dreißiger Jahren unseres Jahrhunderts, spricht dann ein anderer großer Romancier, Hermann Broch, vom heroischen Kampf des modernen Romans gegen die Welle des Kitsches, der er schließlich doch zum Opfer fallen werde. Das Wort Kitsch bezeichnet die Haltung eines Menschen, der um jeden Preis und möglichst vielen gefallen will. Um zu gefallen, muß man bestätigen, was jedermann zu hören wünscht, muß man den Gemeinplätzen huldigen. Kitsch ist Übertragung der Dummheit der Gemeinplätze in die Sprache der Schönheit und der Emotion. Er bringt uns zu Tränen der Rührung über uns selbst, über die Banalitäten, die wir denken und empfinden. Heute, nach fünfzig Jahren, ist Brochs Satz wahrer denn je. Weil man unter allen Umständen gefallen und größtmögliche Aufmerksamkeit erregen wollte, ist die Ästhetik der Massenmedien zur Ästhetik des Kitsches geworden, und in dem Grade, wie die Massenmedien unser ganzes Leben erfassen und durchdringen, wird Kitsch unsere tägliche Ästhetik und Moral. Bis vor kurzem hieß Modernismus: die nonkonformistische Revolte gegen Gemeinplätze und Kitsch. Heute wird die Modernität von den immens vitalen Massenmedien aufgesogen, und modern sein heißt, sich unheimlich anzustrengen, um zeitgemäß zu sein, konform zu sein, noch konformer als die Konformsten. Die Modernität hat sich in den Kitsch gekleidet.

Die Agelasten, das Nicht-Denken der Gemeinplätze und der Kitsch sind ein und derselbe dreiköpfige Feind der Kunst, die als Echo auf Gottes Lachen entstanden ist und diesen faszinierenden imaginären Raum zu schaffen vermochte, in dem niemand im Besitz der Wahrheit ist und in dem jeder das Recht hat, verstanden zu werden. Dieser imaginäre Raum entstand gleichzeitig mit dem modernen Europa, er ist das Abbild Europas oder zumindest unser Traum von Europa, ein immer wieder verratener, doch so prägender Traum, daß er uns alle in einer Brüderlichkeit vereint hat, die weit über den kleinen europäischen Kontinent hinausreicht. Wir wissen allerdings, daß die Welt, in der dem Individuum Achtung entgegengebracht wird (die imaginäre Welt des Romans und die wirkliche Welt Europas), nur allzu brüchig und leichtverderblich ist. Am Horizont stehen, lauern Heerscharen von Agelasten. Und ausgerechnet in dieser Epoche eines nicht erklärten, permanenten Krieges, in dieser Stadt mit ihrem so dramatischen und grausamen Schicksal habe ich mich entschlossen, nur über den Roman zu sprechen. Vielleicht ist deutlich geworden, daß es nicht meine Absicht war, die Augen vor den sogenannten schwerwiegenden Fragen zu verschließen. Denn obwohl mir die europäische Kultur von außen und innen bedroht erscheint, bedroht in ihrem Kostbarsten, nämlich in ihrer Achtung vor dem Individuum, vor der Originalität seines Denkens und seinem

Recht auf ein unantastbares Privatleben, ist diese kostbarste Substanz des europäischen Geistes meiner Meinung nach in der Geschichte des Romans, in der Weisheit des Romans unverlierbar aufgehoben. Dieser Weisheit fühle ich mich in meiner Dankesrede verpflichtet. Aber es ist Zeit, zum Ende zu kommen. Habe ich doch fast außer acht gelassen, daß Gott lacht, wenn er mich denken sieht.

- Die Dichtung (?) der Denkensprache
- man denkt anders in einer Fremdsprache
  (ich erzähle in
- "Muttersprache" Sprache   meinen Erzählungen
  wächst um sich   nicht von mir)
  während ich (ich kann nicht
- Lust   ohne bestreiten
         ohne mich nicht
              beschä